PUBLICATIONS DE LA « RÉVOLTE »

Jehan LE VAGRE

LA SOCIÉTÉ

AU

LENDEMAIN DE LA RÉVOLUTION

Prix : 75 Centimes

DEUXIÈME ÉDITION

PARIS
Au Bureau de la « RÉVOLTE »
140, Rue Mouffetard, 140
1890

LA RÉVOLTE

ORGANE COMMUNISTE-ANARCHISTE

Paraissant tous les 8 jours, un Supplément littéraire
tous les 15 jours.

Administration : 140, rue Mouffetard, à Paris

Prix : 5 centimes le numéro

ABONNEMENTS

FRANCE : Un An		5 francs
EXTÉRIEUR —		7 »

EN VENTE A LA RÉVOLTE

La Révolte, *septième année, cartonné*	4 50
— *huitième année*	4 50
neuvième année	4 50
La Révolte, *première année*	4 »
Terre et Liberté avec l'Audace, *ensemble*	1 50
Les produits de l'industrie	0 05
Les paroles d'un révolté	3 50
Les travailleurs des villes aux travailleurs des campagnes	0 10
La société au lendemain de la révolution	0 70
L'Anarchie dans l'évolution socialiste	0 10
Richesse et misère	0 10
Les prisons, *Kropotkine*	0 10
Entre paysans	0 10
L'Esprit de révolte	0 05
Aux jeunes gens	0 10
Le Salariat, *Kropotkine*	0 10
Les Produits de la terre	0 10

SOUS PRESSE

Le Centenaire de la Révolution 1789-1889, *Kropotkine*	0 10
Évolution et Révolution, par Élisée Reclus	0 05

Typog. A. May, 168 Bd. St-Germain

à l'ami Darnaud
souvenir affectueux
J. Grave

Publications de **LA RÉVOLTE**

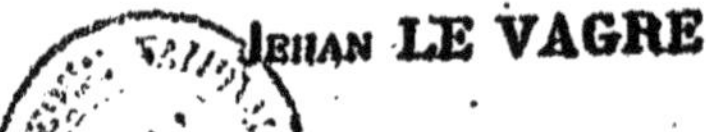

Jehan **LE VAGRE**

LA SOCIÉTÉ

au lendemain de la Révolution

Prix : **75 centimes**

DEUXIÈME ÉDITION

PARIS

Au Bureau de la **RÉVOLTE**

Rue Mouffetard, 140

1889

I

AUTORITÉ ET ORGANISATION

Un certain nombre d'anarchistes se laissent entraîner à confondre ces deux choses bien différentes.

En haine de l'autorité, ils repoussent toute organisation, sachant que les autoritaires déguisent sous ce nom le système d'oppression qu'ils voudraient constituer. D'autres, pour éviter de tomber dans ce défaut, en arrivent à préconiser toute une organisation autoritaire qu'ils qualifient d'anarchiste.

Il y a pourtant une différence capitale à établir. Ce que les autoritaires ont baptisé du nom d'organisation est tout simplement une hiérarchie complète, légiférant, agissant au lieu et place de tous, ou faisant agir la masse au nom d'une représentation quelconque. Ce que nous entendons, nous, par organisation, c'est l'accord qui se forme, en vertu de leurs intérêts, entre les individus groupés pour une œuvre quelconque; ce sont les relations mutuelles qui découlent des rapports journaliers que tous les membres d'une société sont forcés d'avoir les uns avec les autres.

— 4 —

Mais cette organisation que nous entendons
n'a ni lois, ni statuts, ni règlements auxquels
chaque individu soit forcé de se soumettre sous
peine d'un châtiment quelconque; cette organisation n'a aucun comité qui la représente,
les individus ne lui sont point attachés par la
force, ils restent libres de leur autonomie, et
d'abandonner cette organisation lorsqu'elle
veut se substituer à leur initiative.

Comme nous l'avons dit dans la première
édition de ce travail, loin de nous l'idée pré-
tentieuse de tracer ici un tableau de ce que
sera la société future, loin de nous l'outrecui-
dance de vouloir bâtir tout un plan d'organisation et de le poser comme principe; non, nous
voulons tout simplement esquisser à grands
traits les lignes générales qui doivent éclairer
notre propagande, répondre aux objections
que l'on a voulu opposer à l'idée anarchiste, et
démontrer qu'une société peut fort bien s'organiser sans pouvoir ni délégation, si elle est
vraiment basée sur la justice et l'égalité sociales.

Oui, nous croyons que tous les individus doivent être laissés libres de se rechercher et de
se grouper selon leurs tendances et leurs affinités. Avoir la prétention d'établir un mode
unique d'organisation sous lequel tout le monde devrait se plier et que l'on imposerait sitôt

après la Révolution, est une utopie, étant donné
la diversité de tempéraments et de caractères
des individus ; et, vouloir déjà préparer un cadre plus ou moins étroit, dans lequel la société
serait appelée à se mouvoir, ce serait faire
œuvre de doctrinaires et de conservateurs puisque rien ne nous dit que tel idéal qui nous
éblouit aujourd'hui répondra à nos besoins de
demain et surtout aux besoins de la société tout
entière. Ce qui a frappé d'impuissance et de stéri-
lité toutes les écoles socialistes jusqu'à nos jours,
c'est que, précisément, dans la société qu'elles
voulaient établir, tout était prévu et réglé d'a-
vance, rien n'était laissé à l'initiative des individus ; par conséquent, ce qui répondait aux
aspirations des uns venait en travers des autres, et de là, impossibilité de créer quelque
chose de durable.

Nous devons réfuter ici cette affirmation des
réactionnaires qui prétendent que si l'anarchie
triomphait ce serait le retour à l'état sauvage,
ce serait la mort de toute société. Rien de plus
faux. Nous reconnaissons que c'est l'association seule, qui peut permettre à l'homme d'employer l'outillage mécanique que la science et
l'industrie mettent à son service, nous reconnaissons que c'est en associant leurs efforts
que les individus arriveront à agrandir leur
bien-être et leur autonomie ; nous sommes donc

partisans de l'association, mais, nous le répétons : Parce que nous la considérons comme moyen de bien-être de l'individu et non sous la forme abstraite par laquelle on nous l'a présentée jusqu'à aujourd'hui et qui en faisait une sorte de divinité dans laquelle venaient s'anéantir ceux qui devaient la composer.

———

Donc, si nous ne voulons pas tomber dans les mêmes fautes et nous heurter aux mêmes obstacles, nous devons nous garder de croire que tous les hommes sont fondus dans le même moule, que ce qui peut s'accorder avec le tempérament de l'un peut satisfaire indifféremment aux sentiments de tous. Ceci, soit dit en passant, aussi bien au point de vue du groupement dans la période de propagande que dans la société future. Si nous voulons faire une révolution qui réponde à notre idéal, pour préparer cette révolution, nous devons déjà nous organiser selon nos principes, habituer les individus à agir d'eux-mêmes, et bien nous garder d'introduire dans notre organisation, les institutions que nous attaquons dans la société actuelle, sinon nous retomberions dans les mêmes désagréments. Les anarchistes doivent être plus pratiques que ceux qu'ils combattent, ils doivent s'inspirer des fautes commises afin de les éviter. Nous devons faire appel à tous ceux qui veulent détruire la société actuelle, et au lieu de perdre notre temps à discuter sur l'utilité et l'efficacité de tel ou tel moyen, nous devons nous grouper pour l'application immédiate de ce moyen, sans avoir à nous préoccuper de ceux qui n'en sont pas partisans, de même, que les partisans d'un autre moyen se groupent pour la mise en pratique de cet autre moyen. Après tout, ce que nous voulons tous, c'est la destruction de la société actuelle; il est évident que ce sera l'expérience qui nous guidera sur le choix des moyens. Ainsi nous ferons de la besogne pratique au lieu de perdre notre temps dans des réunions, le plus souvent stériles, où chacun veut faire prévaloir son idée, où bien souvent l'on se sépare sans rien décider et qui presque toujours ont pour résultat de créer autant de fractions dissidentes qu'il y a d'idées en présence, — fractions qui, devenues ennemies, perdent de vue l'ennemi commun : la société bourgeoise pour se faire la guerre les unes aux autres.

Il en ressortirait cet autre avantage, c'est que les individus, s'habituant à aller au groupe qui répondrait le mieux à leurs idées, s'habitueraient à penser et à agir d'eux-mêmes, sans autorité parmi eux, sans cette discipline qui consiste à annihiler les efforts d'un groupe ou d'individus isolés, parce que les autres ne sont pas de cet avis. Il en ressortirait cet avantage encore, qu'une révolution faite sur cette base

ne pourrait être autre chose qu'anarchiste, car
les individus ayant appris à se mouvoir sans
contrainte aucune, n'auraient pas la sottise
d'aller se donner un pouvoir au lendemain de
la victoire.

—

Pour certains socialistes, l'idéal serait de
grouper les travailleurs en un parti tel qu'il
existe en Allemagne. Les chefs de ce parti, au
jour de la révolution, seraient portés au pouvoir,
formeraient ainsi un nouveau gouvernement
qui décréterait la prise de possession de l'outillage et de la propriété, organiserait la production, réglementerait la consommation, et
supprimerait, cela va sans dire, ceux qui ne seraient pas de son avis. Nous, anarchistes, nous
croyons que c'est un rêve ; des décrets de prise
de possession, arrivant après la lutte, seraient
illusoires ; ce n'est pas par des décrets que
pourra s'accomplir la prise de possession du
capital, mais bien par des faits au moment de
la lutte, par les travailleurs eux-mêmes qui
s'empareront des maisons et des ateliers en
chassant les possesseurs actuels et en y appe-
lant les déshérités pour leur dire: « Ceci n'appartient à personne individuellement ; ceci
n'est pas une propriété qui appartiendra au
premier occupant, et qu'il pourra transmettre à
ses descendants ; non, ces maisons, ces loge-
ments sont l'œuvre des générations passées,

l'héritage des générations présentes et futures, une fois inoccupés, ils sont à la libre disposition de celui qui en a besoin. Cet outillage est mis à la libre disposition des producteurs qui voudront le mettre en œuvre, mais ne peut devenir une propriété individuelle.

Les individus pourront d'autant moins s'en emparer personnellement, qu'ils ne sauraient que faire d'un outillage qu'ils ne pourraient faire mettre en œuvre par des salariés. Chacun ne pourra s'emparer que de ce qu'il pourra mettre en œuvre lui-même ; mais comme la plus grande partie de l'outillage actuel ne peut fonctionner qu'à l'aide de l'association des forces individuelles, ce sera là le terrain qui permettra aux individus de s'entendre. Une fois cette prise de possession accomplie, nous ne voyons pas la nécessité de la faire sanctionner par une autorité quelconque.

On ne peut prévoir quelles seront les conséquences de la lutte qui s'engage. Savons-nous d'abord combien de temps elle durera ? Quelles seront les conséquences d'un tel bouleversement ? Quels seront les besoins qui se feront jour au lendemain de la révolution ? Certainement non.

Nous ne devons donc pas perdre notre temps à établir dans notre imagination une société dont tous les rouages seraient établis d'avance, construite pour ainsi dire, comme une de ces boîtes

de jouets dont toutes les pièces sont numéro-
tées et qui, une fois mises en place, marchent
dès que le mécanisme est remonté. Tout ce que
nous pourrions produire, au point de vue théorique de l'organisation, ne sera jamais que des
rêves plus ou moins compliqués, mais qui manqueront toujours de base lorsqu'il s'agirait
de les mettre en pratique. Nous ne pouvons
avoir cette prétention ridicule, mais nous
devons nous garder aussi de cet autre défaut, commun à beaucoup de révolutionnaires qui disent : occupons-nous d'abord de détruire et nous verrons après ce que nous aurons à faire. Entre ces deux idées, il y a une la-
cune ; nous ne pouvons certainement pas dire
ce qui sera, mais nous devons dire ce qui ne se
fera pas, ou, du moins, ce que nous devons empêcher de faire.

Nous ne pouvons dire quel sera le mode d'organisation des groupes producteurs et consom-
mateurs, eux seuls devant en être juges ; la
même manière de faire ne pouvant, d'ailleurs
convenir à tous. Mais nous pouvons très bien
dire, par exemple, comment nous ferions personnellement si nous étions dans une société
où tous les individus ont la faculté de se mouvoir librement ; comment il faut déjà s'y prendre, la révolution n'étant que le complément de
l'évolution. Nous pouvons dire comment une
société pourrait évoluer, sans avoir besoin de

ces fameuses « commissions de statistique »
de bons de travail, etc., etc., dont les collectivistes veulent nous gratifier; et nous croyons
qu'il est nécessaire de le dire, car d'abord, il
est dans la nature des individus de ne pas vouloir s'engager sans savoir où ils vont, et puis,
comme nous l'avons déjà dit, c'est le but que
nous nous proposons d'atteindre qui doit
nous guider dans l'emploi des moyens de propagande.

II

LA MESURE DE LA VALEUR ET LES COMMIS- SIONS DE STATISTIQUE

Un autre préjugé qui fait objecter l'impossibilité de l'établissement d'une société communiste, c'est de croire que l'on devra continuer
à évaluer les efforts des individus et ne leur
donner de jouissances que selon ce qu'ils auront
produit. De là, disent-ils, la nécessité de la création d'une valeur d'échanges et de commissions
de statistique chargées de faire la répartition
des produits.

Ce que c'est que la force du préjugé! On a
compris toute la fausseté du mercantilisme
actuel, on a compris qu'il fallait abolir la concurrence individuelle en détruisant l'argent,
valeur d'échange qui permet aux capitalistes de

tromper le travailleur en obtenant en échange de leur argent une force de travail supérieure à celle qu'ils lui paient. On a compris qu'il fallait détruire tout cela, et la plupart de ceux qui l'ont compris ne trouvent rien de mieux que de remplacer l'argent, valeur d'échange, par une autre valeur d'échange !

Qu'est-ce qu'il y aura de changé? Qu'importe que la valeur d'échange soit d'un métal plus ou moins précieux! Là n'est pas le danger; le danger est que si l'on fait *échange de produits* dans cette société, alors chacun aura intérêt à faire estimer les siens au-dessus de tous les autres, et nous verrons alors se reproduire tous les inconvénients de la société actuelle. Il faudrait, pour éviter cela, que l'on trouvât une base qui permette d'établir la valeur d'échange sans discussion aucune, une base qui permette d'évaluer la vraie valeur de chaque produit. Justement cette base manque, et c'est ce que nous allons tâcher de démontrer.

La plupart des « socialistes autoritaires », faute de mieux, se sont ralliés à cette mesure de la valeur : l'heure de travail ! Seulement, comme il y a des travaux qui demandent une dépense de forces bien plus considérable que d'autres, nous leur demanderons comment ils feront pour arriver à mettre tout le monde d'accord; car, chacun aura intérêt à faire estimer davantage son heure de travail ou dépense de

forces, et plusieurs sont allés jusqu'à reconnaître que certains travaux doivent être payés
plus que certains autres. Nous leur demanderons encore, quel sera le dynamomètre qui leur
permettra de mesurer constamment et de com-
parer la dépense de force de l'homme, force
musculaire ou cérébrale, force matérielle, intelligence ou adresse; sur quelles bases établi-
ront-ils cette valeur d'échange, pour donner
à chacun, comme ils disent, le produit intégral
de son travail et surtout qui est-ce qui établira
cette valeur d'échange?

Cette valeur d'échange est impossible à constituer, elle ne pourra donc s'établir qu'à l'amiable, entre tous les travailleurs, à moins pourtant
qu'elle ne soit imposée par les commissions de
statistique. Mais, comme beaucoup de collectivistes nient que les commissions de statistique
soient des gouvernements, nous pensons donc
que cette valeur d'échange se sera établie d'un
commun accord entre les travailleurs. Alors il
faudra donc que ces travailleurs, pour faire
abandon ainsi de leurs justes prétentions, aient
acquis cette abnégation qu'on leur refuse dans
une société anarchiste

D'autre part en créant ces bons de travail,
comment empêchera-t-on l'accumulation? A
cela on a répondu que l'accumulation ne pouvant porter que sur des objets de consomma-

tion, la propriété, le sol et l'outillage étant ina-
liénables, les dangers de cette accumulation ne
pourraient être bien grands; certes, au point
de vue de la reconstitution de la propriété individuelle, cette accumulation ne pourrait être
dangereuse, mais elle pourrait tout simplement détraquer toute l'organisation. Nous allons
expliquer comment.

Nous supposons ces individus mal intention-
nés — que l'on présume très gratuitement, il
faut le reconnaître, dans une société anarchiste — nous supposons ces individus pouvant
produire plus qu'ils n'auront de besoins et par
là, arrivant à accumuler; il s'en suivrait d'un
côté qu'ils priveraient le marché de demandes
de produits, pendant qu'ils l'encombreraient de
l'autre et arriveraient ainsi, non seulement à
bouleverser tous les calculs des commissions
de statistique, mais encore à empêcher d'autres
individus qui auraient plus de besoins qu'eux
à produire en raison de leurs besoins. On a répondu que l'on empêcherait cette accumulation
de se produire en annulant ces fameux bons
de travail à certaines époques, mais à cette
échéance, qu'est-ce qui empêchera de les échan-
ger contre des nouveaux ? car on ne pourra pas
forcer les individus à consommer sur le champ,
— à moins, pourtant d'insérer, dans le pro-
gramme, la consommation obligatoire. — Mais
en admettant que l'on puisse encore éviter cela,

Il n'y en aura pas moins des individus qui pourront produire plus qu'ils ne consommeront, tandis qu'il y en aura d'autres qui auront besoin de consommer plus qu'il ne pourront produire. Or, comme chaque bon de travail (1) devra être représenté en magasin par son équivalent en produits, il se produira cette anomalie dans une société soi-disant égalitaire, que des individus, faute de besoins, ayant laissé périmer leurs bons, il resterait des produits en magasin tandis qu'il y aurait d'autres individus qui ne pouraient satisfaire leurs besoins faute de pouvoir produire en conséquence; et alors on arriverait à cette alternative : ou bien forcer les individus à consommer, ou bien les forcer à céder leurs bons (alors pourquoi pas rétablir l'assistance publique). Mais comme, d'après les « collectivistes », ces commissions de statistique ne sont pas une autorité, ils ne leur restera donc d'autre ressource que de restreindre la production, — par conséquent : chômage. Qu'est-ce qu'il y aura de changé avec la société d'aujourd'hui ?

C'est ici que, malgré toutes les dénégations, nous voyons poindre le rôle de ces fameuses commissions de statistique qui réglementeraient les heures de travail en indiquant à chaque individu ce qu'il devrait produire; c'est-

(1). Ici nous supposons toujours que l'on soit arrivé à constituer la valeur d'échange.

à-dire, que danscette société, l'individu se trouverait arrêté dans tous ses actes ; à chaque mouvement il se casserait le nez contre une loi
prohibitive. Cela peut être du « collectivisme »,
mais à coup sûr ce n'est pas de la liberté, et de
l'égalité encore bien moins.

Mais en dehors de tous ces inconvénients, il y
en a encore un autre plus dangereux que tout le
reste ; c'est qu'on instituant ces commissions
de ceci, ces commissions de cela, qui ne seraient
autre chose qu'un gouvernement sous une dénomination différente, nous n'aurions tout
bonnement fait une révolution que pour acti-
ver la concentration de la richesse sociale qui
s'opère aujourd'hui dans les hautes sphères
capitalistes et arriver en fin de compte à mettre
entre les mains de quelques-uns l'outillage et
la propriété sociale.

Aujourd'hui que l'État ne possède qu'une
minime partie de la fortune publique, il a su
créer autour de lui une foule d'intérêts particuliers qui sont autant d'obstacles à notre émancipation. Que serait-ce donc d'un État, patron et
propriétaire à la fois ? Un État omnipote.. , qui
pourrait disposer à son gré de toute la fo? (une sociale et la répartir au mieux de ses intérêts ; un
État, enfin, qui serait maître non seulement de
la génération présente, mais encore des générations futures, en prenant à sa charge l'éducation des enfants, et pourrait, à volonté, ou

bien lancer l'humanité dans la voie du progrès
par une éducation large et sans bornes, ou en
arrêter le développement par une éducation
étroite? On recule effrayé devant une pareille
autorité disposant de si puissants moyens
d'action.

Nous nous plaignons de ce que la société
actuelle nous arrête dans notre marche en
avant; nous nous plaignons de ce qu'elle com-
prime nos aspirations sous le joug de son autorité. Que serait-ce donc dans une société où rien
ne pourrait se produire s'il n'était estampillé par
l'Etat, représenté par les commissions dites de
statistique? Dans une société pareille où rien
ne pourrait se produire sans le contrôle de
l'Etat, aucune idée nouvelle ne pourrait voir le
jour si elle ne parvenait à se faire reconnaître
d'utilité publique. Or, comme toute idée nouvelle est forcée de lutter contre les idées qui
avaient cours avant elle, ce serait l'étouffement
et l'écrasement complet, avant qu'elle puisse
se faire jour. Ainsi, pour ne prendre qu'un
exemple : l'imprimerie qui, jusqu'à ce jour, a
été un des puissants moyens de progrès en permettant de vulgariser les connaissances humaines, l'imprimerie serait fermée aux idées nouvelles, car quel que soit le désintéressement
de ceux qui formeront le gouvernement
« collectiviste », on nous permettra de douter
qu'ils poussent l'abnégation jusqu'à laisser

Imprimer quoi que ce soit attaquant leur autorité, surtout quand ils n'auront plus qu'un
simple refus à opposer et qu'ils pourront invo-
quer en leur faveur que toutes les forces productives étant absorbées par les demandes de
la consommation, il ne leur est pas loisible de
s'occuper de ce qui ne rentre pas dans les
besoins immédiats de la société.

III

LA DICTATURE DE CLASSE

—

On nous a répliqué, il est vrai, que les commissions de statistique ne seraient pas une
autorité; elles *détermineront* la production, *répartiront* les produits, elles *établiront* ceci, *organise-
ront* cela, mais ça ne serait pas un pouvoir.
Alors pourquoi les établir, si les groupes sont
libres de les envoyer promener quand ça les
embêtera ? où est leur utilité ? n'est-il pas plus
simple de laisser les groupes s'organiser librement et régler leur production et leur consommation comme ils l'entendront ? Mais quelles
que soient les dénégations des « collectivistes »,
elles ne nous empêcheront pas de les enfermer
dans ce dilemme auquel ils ne peuvent échapper: ou bien les groupes et individus seront
libres d'accepter ou de rejeter les décisions de

ces commissions, ou bien ces décisions auront force de loi ; alors on sera forcé de créer une police, une armée pour les faire accepter par les récalcitrants ; alors ce sera une autorité avec toutes ses conséquences. Choisissez !

Pour prouver que c'est bien un gouvernement que l'on veut établir, nous prendrons la liberté de demander ce qu'on entend par dictature de classe (si toutefois il est possible de nous en donner l'explication). Ne serait-ce pas là un de ces mots pompeux, bien sonores, bien ronflants et tout-à-fait vides de sens, ne signifiant absolument rien, mots creux que l'on jette de temps à autre en pâture à la foule pour éviter de lui donner d'autres explications ? — Nous demandons donc, comment c'est fait, une dictature de classe ? comment çà se remonte et comment ça marche ? là-dessus on nous répond : ce serait la dictature des travailleurs contre la bourgeoisie ! très bien, mais comment exercera-t-on cette dictature de classe, surtout au lendemain d'une révolution qui aura dû avoir pour effet de faire disparaître justement les inégalités qui constituent les classes ?

Si nous imaginons cette manière d'agir, ce système de groupement, nous pouvons hardiment en tirer les conclusions suivantes : on veut organiser le prolétariat en une masse aveugle et inconsciente, recevant le mot d'ordre de certaines têtes de colonnes, l'habituer à n'agir que d'après l'impulsion donnée, tout en n'ayant aucune initiative en dehors de l'impulsion reçue, avec ce but final : l'établissement d'un ordre de choses et d'un système d'organisation que personne n'aura à discuter et que l'on imposera à tous au lendemain de la révolution.

Nous avouons qu'avec ce système on pourrait se passer de gouvernement officiel ayant une armée pour se faire obéir, car on aurait en main les forces même de la Révolution, habituées à exécuter les ordres leur venant d'en haut et, au lieu d'avoir une dictature avouée à un hôtel de ville quelconque, nous en aurions une insaisissable et renaissant sans cesse dans nos rangs. Nous combattons de toutes nos forces une pareille dictature qui serait plus terrible que toutes les autres dans ses conséquences ; car le peuple, croyant défendre ses propres intérêts, ne ferait qu'exécuter les ordres de ses nouveaux maîtres.

De plus, comme ces individus que l'on aurait arrachés à l'atelier, (1) ne pourront plus produire, forcés qu'ils seront de donner tout leur temps à l'exercice de cette dictature, ils deviendront par ce fait même des bourgeois. La première chose qu'ils auraient donc à faire pour être d'accord avec leurs principes, ce serait de

1. Nous supposons que ce soit des ouvriers que l'on aura pris pour « dictaturer ».

se supprimer eux-mêmes. Mais, dites-vous, puisqu'ils seront là par la volonté de leurs camarades ce ne sera plus la même chose, et leur production, pour n'être pas matérielle, n'en existera pas moins puisqu'ils contribueront à la marche de la société. Tout cela ce sont de misérables arguties. A quoi nous servirait de jeter une aristocratie par dessus bord, si nous en élevons une autre à sa place? en serions-nous plus avancés? Ah ! ce qui pèse aujourd'hui si lourdement sur nos épaules, ce n'est pas le nombre des patrons ou propriétaires. Si la misère étreint aujourd'hui le travailleur, ce n'est pas tant parce que la propriété appartient seulement à quelques individus, mais c'est surtout parce que ces quelques individus ont besoin de tout un système d'organisation qui entraîne avec lui la création d'une foule d'emplois inutiles et que les travailleurs sont forcés de produire pour tout cela. Il n'en serait ni plus ni moins dans la société, où (sous des noms différents, il est vrai), nous retrouverions tous les défauts de l'organisation actuelle.

Enfin une dernière objection à cette dictature de classe : si le peuple fait une révolution sociale ayant pour but de s'emparer de la propriété, est-ce que les classes ne seront pas par le fait abolies. Il restera bien, dit-on des bourgeois qui, mécontents de la situation qui leur sera faite, pourraient être un danger, c'est à

eux que l'on fera la guerre. Très bien, mais *alors
vous ferez la guerre aux individus mécontents de la
situation par vous créée ?* vous établirez un pouvoir pour faire la guerre à ceux qui voudraient
ramener la société en arrière ; mais, une fois
ce pouvoir établi, qui est-ce qui l'empêchera de
la faire à ceux qui voudraient marcher en avant ?
Non, non, cette dictature est trop élastique,
nous n'en voulons pas. Pour nous, partisans de
la liberté *vraie,* nous considérons que le mauvais vouloir de quelques individus isolés dans la
société ne peut être un danger pour personne
dès qu'ils sont privés de tout ce qui fait leur
force aujourd'hui : capital, richesses, gouvernement, — tandis qu'un pouvoir à la tête de
cette société serait un danger pour tous.

Et puis, sérieusement, croit-on que ce « collectivisme puisse s'établir sans avoir à passer
par les tâtonnements que l'on prévoit pour le
communisme ? assurément non, car pendant
que celui-ci irait en tâtonnant, il est vrai, mais
du moins librement, en laissant à chaque caractère, à chaque tempérament, le soin de son organisation propre, le « collectivisme », avec sa
prétention d'établir un système unique d'organisation, irait, heurtant de front la susceptibi-
lité des uns, les espérances des autres, créerait
immédiatement des satisfaits et des intérêts
nouveaux autour de lui et ne laisserait aux
mécontents d'autre porte de sortie qu'une ré-

volution nouvelle. Au contraire en laissant les groupes libres de leur organisation, tel groupe qui ne se trouverait plus en rapport avec les développements de la société pourrait se réorganiser sur de nouvelles bases ; ou bien les individus qui en feraient partie, si ce groupe ne répondait plus à leurs aspirations, pourraient le quitter pour en former de nouveaux, ou bien entrer dans un autre qui répondrait mieux à leurs besoins et cela, sans amener de perturbation dans la société ; car ces changements auraient lieu partiellement et par degrés. Alors la marche de l'humanité ne nous présenterait plus qu'une évolution continuelle qui nous conduirait au but que nous cherchons : le bonheur commun.

On voit par ce qui précède que, loin de vouloir faire sauter à tout moment et hors propos ceux qui ne seraient pas de notre avis, nous ne demandons, au contraire, que le droit ou plutôt les *moyens* d'exercer ce droit naturel imprescriptible à la nature humaine, de pouvoir nous organiser comme nous l'entendons, libre à ceux qui ne penseraient pas comme nous de s'organiser comme ils l'entendent eux-mêmes. Ce que nous voulons, en un mot, c'est reprendre notre place au soleil, et si nous préconisons la Révolution, c'est justement parce que la bourgeoisie se sert du pouvoir dont elle s'est emparée et de la situation économique qu'elle s'est faite pour nous asservir, et qu'elle ne nous a plus laissé d'autre alternative que celle de subir lâchement cette exploitation, ou bien de lui passer sur le ventre. Mais, si nous voulons déposséder la bourgeoisie de cette propriété qu'elle détient, ce n'est pas pour nous l'approprier et pour l'exploiter à notre tour, comme l'a fait la bourgeoisie en 89, en s'emparant des biens du clergé et de la noblesse. Non, nous voulons l'en déposséder pour la remettre à la disposition de tous, afin que *tous sans exception* puissent y puiser leur part de jouissance; et si, pour accomplir cette transformation, nous avons recours à la force, loin de faire acte d'autorité, comme cela a été bêtement dit, nous faisons acte de liberté en brisant les chaines qui nous entravent.

Un autre argument en faveur de l'autonomie des groupes et des individus dans une société vraiment basée sur la solidarisation des efforts et des intérêts individuels, c'est que l'idée sociale progresse sans cesse, tandis que l'individu, au contraire, arrivé à une période où s'arrête le développement de son cerveau, s'arrête dans ses idées et considère comme folles les idées plus neuves professées par de plus jeunes que lui. En effet, est-ce que les idées de 48 ne nous paraissent pas aujourd'hui plus ou moins anodines et le peu de survivants de cette époque qui passaient jadis pour des exaltés, dans quel camp les trouve-t-on aujourd'hui? Sans remonter aussi haut, se battrait-on aujourd'hui pour les idées de 71 ? Qu'avons-nous vu au retour des amnistiés, qui, par le fait de la déportation, se sont trouvé séparés du courant intellectuel ? Ils nous sont revenus, pour la plupart, même pas à la hauteur des radicaux. Non, tant que l'on voudra établir un mode unique d'organisation, on créera par là une barrière contre l'avenir, barrière qui ne pourrait disparaître que par le fait d'une révolution de la génération suivante.

IV

LES SERVICES PUBLICS

Pour préconiser un système de répartition dans la société future, on s'est basé sur cet argument, que la production pourrait ne pas être assez grande au lendemain de la révolution pour pouvoir répondre aux besoins d'une consommation illimitée. Nous croyons que c'est là une erreur ; aujourd'hui, quand le gaspillage est à son comble, et que par des calculs ignobles de spéculateurs éhontés, des terrains sont sans culture, la production dépasse déjà tellement la consommation que les chômages deviennent de plus en plus fréquents. Que sera-ce donc dans une société où personne n'aura besoin d'accaparer, assuré que l'on sera de voir chaque jour satisfaire à nos besoins ; dans une société où tous les bras seraient rendus productifs, où tout ce qui constitue l'armée, la bureaucratie, ainsi que cette foule innombrable de domestiques, n'ayant d'autre travail aujourd'hui que de satisfaire aux caprices de nos exploiteurs, où tout enfin ce qui consomme aujourd'hui sans apporter aucun travail réel à la société serait rendu au travail productif ? Surtout lorsqu'on rendra à l'agriculture tous ces terrains laissés en friche par des propriétaires repus, tous ces terrains, plus grands encore, abandonnés parce que le rendement ne serait pas en rapport avec la dépense nécessaire pour les mettre en état de produire au propriétaire un intérêt d'usurier, mais qui, dans la société future, ne coûteraient qu'un peu d'efforts pour être mis en culture, puisque le matériel indispensable serait mis entre les mains des travailleurs ; lorsqu'on lancerait les machines à vapeur pour fouiller la terre sans relâche et lui arracher ses sucs nourriciers qu'on lui rendra sous forme d'engrais que la chimie est à même de produire aujourd'hui Nous pouvons donc, sans trop préjuger de l'avenir, penser et même affirmer que la production pourra répondre largement aux besoins de la consommation.

On a insisté surtout sur le fait qu'il y a des produits tels que la soie, par exemple, et autres du même genre qui ne pourraient être créés du jour au lendemain, de manière à pouvoir satisfaire toutes les demandes. C'est, il nous semble, se faire une étrange idée de la révolution que de se figurer que les travailleurs, arrivés au point d'avoir compris d'où venait leur misère, d'en avoir étudié les causes et assez intelligents, pour avoir su y apporter le remède, — c'est s'en faire une étrange idée, disons-nous, que de penser qu'ils pourraient être assez stupides pour s'entredéchirer les uns les autres, s'il n'y avait pas une autorité pour leur partager un morceau de soie, un panier de truffes, ou tout autre objet dont la recherche n'est souvent occasionnée que par sa rareté. C'est si stupide que nous ne voulons même pas répondre à cette objection ; nous préférons penser pour l'humanité que les travailleurs, étant arrivés à la satisfaction des premiers besoins matériels et intellectuels pour lesquels ils se seront battus, seront assez intelligents pour s'arranger à l'amiable quant à la répartition des produits qui ne pourraient être mis à la disposition de tous ; au besoin, les plus intelligents sauront faire abandon de leur part à ceux qui ne le seraient pas assez pour attendre patiemment leur tour.

Nous aurions voulu nous étendre plus longuement sur ce que les collectivistes ont appelé les services publics, mais nous croyons devoir nous restreindre sur ce sujet et nous borner à quelques courtes observations.

Nous dirons donc en passant que les collectivistes n'avaient inventé cette dénomination de « services publics », que dans un but de tactique. Ils incorporent sous cette dénomination tous les services, tels que postes, télégraphes transports, etc., qui, comme ils disent, ne produisent aucun travail palpable, se résumant en un produit quelconque pouvant être déposé au magasin, en sorte qu'il aurait fallu prélever le salaire de ceux qui font ces services sur le produit des autres corporations (ce qui serait rétablir l'impôt sous un nouveau nom). En faisant cette distinction, ils espéraient évidemment faire passer leurs commissions de statistique et tous les emplois qu'ils voudraient pouvoir créer dans la société nouvelle, et confondre ces emplois parasitaires avec ceux que nous venons de nommer, dont l'activité, tout en ne se portant pas sur la création d'objets de consommation, n'en constitue pas moins une des forces nécessaires à la société.

Mais la ficelle était trop grosse. Est-ce que tout ce qui a trait au bien-être ou à la marche de la société n'est pas, par le fait, service public, et, que l'on soit employé à produire du grain ou n'importe quel autre produit, ou bien

que l'on soit employé à les transporter où le besoin
s'en fait sentir, ne rend-on pas un service égal
à la société, tandis que les commissions, siné-
cures ou emplois des collectivistes pourraient
constituer un service dans la société, mais un
de ces mauvais services dont il faudrait se débarrasser au plus tôt.

On a parlé encore que pour les travaux d'utilité générale pouvant embrasser une certaine
ou plusieurs régions, il faudrait bien nommer
des délégués chargés de s'entendre, ne fût-ce
que temporairement et en vue du seul but pour
lequel ils seraient nommés. C'est là encore une
erreur. En effet, comme nous avons essayé de
le démontrer dans tout ce qui précède, les intérêts particuliers seraient fondus dans l'intérêt
général : donc, les rapports entre les groupes
ne porteraient plus que sur des points généraux
que chacun pourra bien envisager à son point
de vue, mais qui, en définitive, tendraient tous
au même but. De plus, toutes ces distinctions
de village, commune, patrie, etc., pour nous
sont appelées à disparaître, ou du moins à ne
plus être que des expressions géographiques ;
si donc nous prenons, par exemple, la création
d'une route, d'un canal ou d'une ligne de chemin de fer, nous ne voyons nullement le besoin
d'envoi de délégations pour l'organisation de ces
travaux. Nous supposons que l'idée de ce travail surgisse spontanément dans le cerveau

d'un seul individu. Le premier travail qu'il aura
à faire sera de propager son idée autour de lui,
de chercher ceux qui voudront l'accepter et
l'aider dans son entreprise, trouver des ingé-
nieurs (s'il ne l'était lui-même) pour lever les
plans, étudier les endroits où devrait passer ce
canal, cette route ou ce chemin de fer, réunir
les terrassiers ou autres ouvriers nécessaires à
l'entreprise ; puis, lorsqu'il aurait groupé le
noyau nécessaire, que l'on aurait discuté, pesé,
mûri tous les plans, que l'on en aurait discuté
tous les détails, que l'on se serait réparti le travail, on se mettrait à l'œuvre, et le travail se
ferait, comme on le voit, sans autorité ni délégation aucune, par la seule initiative des individus.

On voit aujourd'hui se monter des sociétés de
toutes sortes : chemins de fer, canaux, ponts,
commerce, industrie, tout est la proie de fortes
sociétés qui se montent en vue d'exploiter telle
ou telle spécialité de l'industrie humaine. Si
nous allons encore plus bas, nous voyons des
petites associations se former en vue de procurer un avantage matériel à leurs participants,
ou la satisfaction d'un plaisir quelconque. Tels
sont les cercles, les sociétés de consommation,
les sociétés chorales et instrumentales, jusqu'à
des sociétés qui s'organisent soit en vue de pé-
régrinations scientifiques ou de simples pro-

menades. Or, toutes informes et incomplètes
qu'elles soient, ces associations répondent, en
partie, aux desiderata de leurs membres. Que
serait-ce donc dans la société future où l'initiative individuelle aurait ses franches coudées
et ne serait plus entravée par la question » monnaie »; où les affinités pourraient librement se
rechercher et les caractères franchement s'har-
moniser. Rien n'empêcherait les individus de se
grouper par goûts, par aptitudes, par tempéraments, en vue de produire ou de consommer
telle ou telle chose. Les postes, les chemins de
fer, l'éducation des enfants, etc., tout cela ren-
trerait dans l'organisation sociale au même
titre que les chaudrons ou les souliers. C'est
une *division de travail* qui aurait à s'établir dans
cet ordre d'idées, comme dans le reste, et voilà
tout. Comme personne ne serait entravé par les
difficultés matérielles, par les questions d'économie, chacun s'habituerait à aller au groupe
qui répondrait le mieux à ses vues; de sorte que
c'est le groupe qui rendrait le plus de services qui
aurait le plus de chance de se développer. Comme
l'homme est un être complexe agité de mille
sentiments divers, se mouvant sous l'impulsion
de besoins variés, nombreux seraient les grou-
pements qui se formeraient: et c'est leur diversité qui contribuerait à assurer le bon fonctionnement de tous les services nécessaires au
bien-être de l'individu; et qui nous conduirait

à ce but que nous rêvons tous: l'Harmonie.

Et que l'on ne vienne pas crier ici à l'utopie, à l'invraisemblance, et prendre pour exemple les associations actuelles ! Que l'on n'oublie pas que les situations ne seraient plus les mêmes qu'aujourd'hui. D'abord, toutes les associations sont autoritaires et individualistes aujourd'hui ; parmi les associés, si l'association est nombreuse, il y a des distinctions d'emplois ou de salaire, bien souvent les deux à la fois. Eh bien, malgré toutes ces causes de désunion, l'accord se maintient généralement un bon bout de temps ; la zizanie ne s'y met que lorsqu'il y en a un qui, plus roublard que les autres, se met à monter le coup à ses co-associés ou essaie de profiter de la situation qu'il a dans l'association pour dominer ses camarades. Alors la méfiance commence à se glisser parmi eux, puis commencent les querelles, et en fin de compte vient la désunion complète.

Mais que l'on songe que dans la société que nous entendons il n'y aurait de bénéfices particuliers à retirer d'aucune entreprise ; que tous les individus y seraient sur le pied de la plus parfaite égalité et libres de se retirer quand ils voudraient, n'y ayant pas de fonds engagés ; que la situation économique serait la même pour tous, et — nous le répétons encore une fois — que l'on n'oublie pas surtout que pour établir une société pareille, ils auront été assez intelligents pour briser la société actuelle qui les entrave.

X
DES FAINÉANTS

Il y a une autre objection à laquelle nous croyons qu'il serait inutile de répondre, si elle ne nous était aussi posée par beaucoup de nos camarades d'atelier. Celle-ci: « Si dans votre Société chacun peut consommer sans être forcé de produire en retour, personne ne voudra travailler, ou du moins il y aura un grand nombre de fainéants qui ne feront rien; les autres seraient ainsi forcés de produire pour eux. »

A cette objection nous répondrons encore que l'on se place trop au point de vue de la Société actuelle et qu'on ne se fait pas une idée juste de ce que devra être la Société transformée. Aujourd'hui, lorsque l'ouvrier est courbé sous un travail éreintant, bien souvent répugnant, des douze ou treize heures par jour, le plus souvent dans des conditions plus ou moins malsaines, et cela pour un salaire dérisoire qui lui permet à peine de ne pas crever de faim — certainement il ne peut être que dégoûté du travail. Mais lorsque dans la société future, on aura rendu comme nous l'avons dit plus haut, au travail productif cette foule de salariés qui aujourd'hui n'existent que pour faire fonctionner l'organisation gouvernementale qui nous écrase dans ses engrenages multiples, ou bien dont le travail ne consiste qu'à apporter une plus grande somme de jouissances à nos exploiteurs actuels. D'autre part lorsqu'une meilleure distribution du travail aura diminué la main d'œuvre, et par une plus grande extension de l'outillage mécanique on aura augmenté la production, tout en réduisant de beaucoup les heures de travail ; lorsqu'on aura assaini les ateliers en les transportant dans des bâtiments qui existent déjà aujourd'hui et peuvent être facilement tranformés selon les besoins des groupes producteurs ; lorsque enfin dans les travaux pénibles on aura substitué le travail des machines au travail de l'homme et que par toutes ces améliorations *immédiates* on aura réduit la journée de travail de 4 ou 5 heures, six heures au plus, nous ne croyons pas qu'il y aura tant de fainéants que l'on veut le dire. L'homme a en lui une force d'activité qu'il faut qu'il dépense d'une manière ou d'une autre ; et du moment que la plus grande partie de son temps lui restera pour ses loisirs ou les autres occupations qu'il voudra entreprendre, nous ne voyons pas l'intérêt qu'il aurait à se refuser au travail, du moment que tout travail accompli serait réciproque.

Mais nous admettons volontiers, — et cer-

tainement cela se produira au début, — qu'il y
ait des natures assez corrompues par la société actuelle pour se refuser, dans les premiers
temps, au travail. Mais dans tous les cas ce ne
pourrait être qu'une infime minorité. Aujour-
d'hui même lorsque le ventre creux nous cour-
bons l'échine sous un travail de forcenés pour
engraisser un tas de parasites de tous poils
et toutes robes, beaucoup de travailleurs
trouvent cela très naturel : mais, dans
une société où nous serons assurés de la satisfaction de tous nos besoins, où le travail sera
de beaucoup adouci, irons-nous de gaieté de
cœur nous donner des maîtres, sous le prétexte qu'il pourrait se trouver des natures dé-
moralisées par la société actuelle, se refusant
au travail ? Allons-donc ! est-ce que nous n'aurons pas encore plus de bénéfice à les laisser
faire que de créer une organisation qui ne pourrait les en empêcher ? rappelons-nous la fable
du bonhomme Lafontaine; Le jardinier allant
chercher son seigneur pour le délivrer du lapin
qui mange ses choux.

Du reste ces hommes livrés à eux-mêmes
dans une société, où la règle, la base de la vie
seraient le travail, (tandis que dans la société
d'aujourd'hui c'est le contraire) auraient bientôt honte de leur situation et viendraient d'eux-
mêmes après un laps de temps plus ou moin
long se mettre au travail. Ils viendront implorer

du travail pour ne pas mourir d'ennui tandis qu'au contraire, en voulant les contraindre, vous les mettez en guerre ouverte avec la société ; alors ils chercheront à se procurer par la ruse ou la force (le vol et l'assassinat de la société actuelle) ce que vous leur refuserez de bonne volonté ; il faudra donc créer une police pour les empêcher de prendre ce que vous leur refuserez, des juges pour les condamner, des geôliers pour les garder, enfin, petit à petit reconstituer la société actuelle ; c'est-à-dire, que pour ne pas nourrir un certain nombre de fainéants, qui, comme nous l'avons dit plus haut, abandonnés à eux-mêmes, auraient bientôt honte de leur situation, on créerait une nouvelle catégorie de fainéants, avec cette sérieuse aggravation que la situation de ceux-ci dans la société serait légale, mais ils n'en produiraient pas davantage pour cela et ne donneraient d'autres résultats que celui d'éterniser la situation ; et nous aurions ainsi deux sortes de fainéants à nourrir : ceux qui vivraient au dépens de la société et malgré elle, et ceux qu'elle aurait créé elle même, sans compter que cette autorité que l'on aurait créée pourrait, à un moment donné, se tourner contre ceux qui l'auraient établie.

Maintenant on nous dit : les hommes sont trop corrompus par l'éducation actuelle et l'hérédité de plusieurs milliers de siècles de préjugés de toutes sortes ; ils ne seront pas assez sages ni assez améliorés, au lendemain de la révolution, pour qu'on puisse les laisser libres de s'organiser eux-mêmes.

Comment dites-vous ! les hommes ne seront pas assez sages pour se conduire eux-mêmes et pour parer à ce danger vous ne trouvez rien de mieux que de mettre à la tête de ces hommes, qui ? d'autres hommes ! qui seront intelligents, peut-être, mais qui n'en auront pas moins leur part de ces préjugés et de ces vices que vous reprochez à la masse ; c'est-à-dire qu'au lieu de chercher à noyer ces préjugés et ces vices dans la masse et de chercher à tirer, du concours de tous, cette étincelle qui pourrait nous éclairer la route de l'avenir, vous incarnerez la société entière en la personne de quelques individus qui guideraient cette société selon le plus ou moins d'étroitesse de leurs idées, car quelle que soit la largeur de conception du cerveau humain, chaque homme a toujours un côté de son esprit qui le pousse malgré lui dans les sentiers raboteux de la routine.

Et puis d'ailleurs, qui est-ce qui choisira ces chefs ?

Nous ne supposons pas qu'ils se choisiront eux-mêmes ? alors, ce sera donc le peuple ? Mais vous venez de nous dire tout-à-l'heure qu'il ne serait pas assez sage pour se conduire lui-même, par quel miracle le sera t-il assez pour pouvoir discerner entre tous les intrigants qui viendront briguer ses suffrages.

Ah ! prenez garde que quand vous venez nous parler de progrès et de liberté, nous pensions que la seule manière dont vous envisagez de suivre la marche du progrès ce serait de lui couper les jambes, sous prétexte que vous n'êtes pas assez dégagés pour le suivre ; que la seule liberté que vous vouliez conquérir, ce serait celle de vous débarrasser de ceux qui ne pensent pas comme vous, de ceux qui croient qu'il n'y a pas d'hommes supérieurs résumant en eux les connaissances humaines, que ces connaissances, au contraire, sont répandues dans toute l'humanité ; de ceux qui croient que ce n'est qu'en laissant libres toutes les intelligences de se rechercher et de se grouper, que jaillira la lumière ; de ceux qui croient enfin que ce n'est qu'en voyant un groupe mieux organisé à côté de lui, qu'un groupe mal organisé se transformera pour tâcher de faire mieux et que du choc continuel des idées, que de ce mouvement continuel et de cette transformation incessante, sortira enfin cette communion d'idées dont personne n'a encore découvert le secret et que l'on tenterait vainement d'établir par la force.

DE LA PÉRIODE D'ÉDUCATION

Ici se présente un argument que nous font certains socialistes, mais qui, en réalité, n'est que le même que font certains bourgeois qui ne pouvant nier les vices de l'organisation actuelle et la nécessité d'une transformation sociale, se retranchent derrière les sol-disant besoins d'une sol-disant amélioration progressive et nous disent : « certainement vous avez raison ! Ce que vous dites est très bien ! Il faut en effet que les travailleurs arrivent à obtenir le produit intégral de leur travail. Mais, vous comprenez, il y a les situations acquises ; il faut tenir compte aussi de l'ignorance des masses. Si tout d'un coup l'on faisait les réformes que vous demandez, on courrait le risque d'avoir contre soi la majorité de la population. Ce n'est pas comme cela qu'il faut agir. Quand les produits seront en assez grande quantité pour que les hommes puissent prendre à leur volonté, sans crainte que ses mêmes produits viennent à manquer pour les autres ; quand l'homme sera devenu assez intelligent pour savoir qu'il doit respecter la liberté des autres, alors là peut-être on pourra proclamer la liberté complète de l'individu, supprimer tout gouvernement ; allons-y progressivement. Répandons d'abord l'instruction dans les masses : instruisons le peuple et quand il sera instruit il obtiendra tout ce que vous demandez. » Avec ce langage ces bourgeois, sans nier la légitimité de nos revendications, en arrivent à les renvoyer aux calendes grecques. A l'instar de ces bourgeois, certains socialistes nous disent : « Vos idées sont belles mais ne sont pas réalisables avec le tempérament français — en France ou bien anglais en Angleterre. — « Certainement votre idéal de société est magnifique en théorie mais impraticable en réalité. Quand une période transitoire aura perfectionné l'humanité, émoussé les instincts mauvais de l'homme, peut-être alors, vos idées pourront-elles être appliquées sans inconvénient; mais il faut qu'auparavant l'homme passe par cette période éducative qui l'amènera progressivement au but.

« Mais dès le début de la Révolution, ou du moins sitôt la lutte terminée, il faudra régler la consommation selon la production de chacun, afin d'éviter que la production ne soit dépassée par la consommation. »

Au danger du manque de production, nous répondrons plus loin ; mais nous ferons remarquer ici à ces soi-disant socialistes qu'il faut qu'ils se fassent une drôle d'idée de la révolution économique qu'ils prêchent en théorie ; ils ils ne veulent, en pratique, faire ni plus ni moins qu'une révolution politique. Cela nous explique leur manière d'agir en propagande. En se groupant en commissions de ceci, en commissions de cela ; en groupes locaux, régionaux, fédéraux, nationaux etc. ils espèrent substituer, pendant la lutte, toute cette organisation à l'ancienne et déjà dicter leurs lois à tous.

Comme nous l'avons vu plus haut, la prise de possession de l'outillage et du sol ne peut avoir lieu à coups de décrets : ce changement de gouvernement ne pouvant avoir d'autre résultat que de changer les hommes au pouvoir, car le nouveau gouvernement établi, ou bien serait emporté par la contre-révolution, si les changements économiques ne s'étaient pas opérés pendant la lutte, ou bien, par diplomatie, se verrait forcé d'ajourner ces réformes et une fois ajournées, le peuple pourrait attendre, il ne serait pas prêt de les voir se réaliser. Nous démontrerons plus loin les dangers du pouvoir.

Nous, anarchistes, nous envisageons la révolution qui se prépare à un point de vue plus large. Pour nous, la révolution sociale ne pourra s'accomplir comme les révolutions politiques passées en deux ou trois jours de lutte. Selon l'intensité de la propagande qui sera faite, selon le temps que nous aurons devant nous pour la préparer, cette lutte sera plus ou moins longue et pourra durer un nombre indéterminé d'années ; car supposer que la bourgeoisie se laissera dépouiller de ses privilèges sans résister, serait commettre une grave erreur. La sauvagerie qu'elle a déployée dans les répressions qui ont suivi les révolutions qui avaient eu seulement une ombre de caractère socialiste, nous démontre le caractère que pourra prendre la lutte que nous serons forcés d'engager avec elle. Attaquée en plein dans ses privilèges, amenée à disparaître, à perdre tout ce qui l'élève au-dessus de la masse, nous pouvons être assurés qu'elle se défendra de toutes ses forces, mettra en jeu tous les ressorts que lui donne le pouvoir qu'elle détient.

Or, quoique nous fassions, il est à présumer, que notre propagande ne pourra pénétrer partout à un degré égal, nous pouvons prévoir qu'elle se retranchera dans les localités qui auront échappé à notre action et de là, nous faire la guerre, et susciter, à l'organisation nouvelle, tous les embarras qu'il lui sera possible de nous créer. Ce sera donc entre les idées nouvelles et la vieille société agonisante une lutte implacable, terrible, sans trêve ni relâche qui pourra durer, comme nous l'avons dit, plusieurs années ; et, qui sait, peut-être plusieurs générations.

———

Etant donné cette situation, il est évident qu'à travers cette période de lutte, il faudra que s'organise la production afin de faciliter la consommation. C'est une division de travail qui, selon nous, doit être l'œuvre de l'initiative individuelle, et se fera sous la pression des besoins.

Dès les débuts de la lutte, le peuple, poussé par le besoin, ira tout bonnement dans les magasins, prendre ce dont il aura besoin, de même qu'il ira porter sa force d'activité là où l'utilité s'en fera sentir ; et il s'habituera ainsi, par la pratique, à consommer sans se préoccuper d'où viennent les produits qu'il consomme et à produire sans s'inquiéter où vont les produits qu'il fabrique ; de cette manière, les travailleurs seront habitués au communisme avant que toutes les commissions de statistique aient seulement pu s'entendre sur la valeur d'échange. Et cela peut se faire spontanément sous la seule pression de l'exemple. Si les anarchistes que la propagande aura faits sont bien conscients de leur rôle, ils peuvent entraîner la masse avec eux ; il leur suffira de mettre résolument leurs théories en pratique, d'en démontrer ainsi l'avantage, et comme la masse comprend les choses simples et qu'elle même dans les moments de révolution est toujours portée vers les idées nouvelles, le seul obstacle que pourrait rencontrer leur application ne pourrait être qu'un pouvoir qui tenterait de se constituer ; le devoir des anarchistes est tout tracé : ce sera de le mettre bas.

Il pourra se faire aussi qu'en s'emparant des produits de consommation, on les ait emmagasinés dans des endroits spéciaux, ou sorte de bazars, où viendront s'accumuler tous les produits dont la consommation ne serait pas immédiate. Pour entretenir ces magasins, pour entretenir les produits qu'ils contiendront dans un état de conservation possible, il se créera certainement là un service d'aptitudes spéciales qui aura pour but d'empêcher les produits fabriqués de se gâter dans l'emagasinage.

Ces bazars, dont nous parlons toujours par le fait des besoins, étant en communication les uns avec les autres, se tiendraient au courant des besoins de la consommation, se répartiraient leurs produits, et les producteurs, en les venant déposer, par le fait de cette correspondance, sans pression administrative aucune, seraient mis au courant des besoins de la consommation, du manque de tel produit, de l'encombrement de tel autre; et, tandis qu'aujourd'hui, on voit se monter spontanément des associations de spéculateurs pour exploiter telle invention, telle mine ou découverte, on verrait alors se créer spontanément des groupes de producteurs pour produire tel ou tel article demandé par la consommation.

De cette manière, cela ne marcherait que mieux, puisqu'il n'y aurait rien d'imposé; chaque individu ne ferait que ce qui lui conviendrait, et comme le bien-être particulier découlerait du bien-être général, il n'y aurait pas de raison pour que les individus veuillent aller contre leur intérêt; d'ailleurs, nous savons tous qu'il n'y a mauvaise volonté que là où il a autorité, car il est dans le caractère des individus de ne pas vouloir être commandés. En effet, si beaucoup de nos camarades qui admettent encore une espèce d'autorité pour maintenir l'équilibre dans la société future, voulaient fouiller dans un des coins les plus reculés de leur cerveau, ils verraient qu'ils veulent bien un pouvoir, mais avec cette restriction qu'ils soient libres de l'envoyer promener alors qu'il voudra les contraindre à faire une chose qu'ils ne voudront pas faire. Si ces camarades-là voulaient bien réfléchir avec eux-mêmes, ils verraient qu'un pouvoir n'a, dans ces conditions, aucune raison d'être, ils ne le voudraient donc que pour ceux ou plutôt contre ceux qui ne seraient pas de leur avis; mais c'est là une drôle de manière de comprendre la liberté. Il est vrai que certains collectivistes ont voulu prétendre que plus l'homme se développe, plus il devient esclave de la société, et au moyen de la science ils prétendaient prouver que l'autonomie n'existe pas : c'est une erreur que nous réfuterons plus loin; ne nous y arrêtons donc pas davantage; à ceux qui nous disent qu'enfin il faut bien une règle, que l'on ne peut pas contenter tout le monde à la fois (ce sera vrai tant que l'on voudra imposer la même manière de voir à tous), qu'en un mot c'est la majorité qui doit faire la loi, à cela nous n'aurons qu'une chose à répondre : Quel est le critérium avec lequel on reconnaît qu'une majorité est dans le vrai ou dans le faux ? Où commencent les majorités et où finissent-elles ?

S'il en était ainsi, nous n'aurions qu'à nous incliner bien humblement devant la bourgeoisie qui nous exploite puisqu'elle a la majorité pour elle, et que nous, nous ne sommes qu'une infime minorité. A cela on nous répondra : oui mais dans une société améliorée où le travailleur aura le produit intégral de son travail, où il aura toutes sortes de libertés, une société où l'instruction sera à la portée de tous, une société enfin que... etc., etc., il sera facile aux travailleurs de choisir librement leurs mandataires et d'évoluer vers la meilleure idée. Soit, seulement si nous prenons l'humanité depuis les commencements de son histoire, nous verrons que chaque fois qu'une idée a pu parvenir à avoir ce que l'on nomme la majorité et conquérir ainsi sa place dans la société, c'est que derrière elle il y avait une vérité meilleure encore qui la poussait, et lorsque cette idée s'était emparée du pouvoir, elle s'y incrustait et devenait oppressive à son tour jusqu'à ce que l'évolution des idées s'étant faite, une révolution nouvelle vint la détruire à son tour et prendre sa place pour recommencer de même. Eh bien, nous, anarchistes, nous pensons qu'il faut briser ce cercle vicieux ; la terre est assez grande pour nous nourrir tous et nous fournir un large espace d'évolution : il y a place pour tous au soleil, sans avoir besoin de nous égorger ; si nous voulons que l'évolution puisse se faire pacifiquement dans la voie du progrès, il faut briser ce qui l'entrave dans sa marche, sans avoir égard à ce qu'on appelle majorité ; chaque vérité se trouve toujours proclamée par une minorité lorsqu'elle commence à paraître.

On a objecté qu'en laissant les individus libres de s'organiser comme ils l'entendent, on verrait se produire entre groupes la concurrence qui se fait entre individus aujourd'hui. C'est une erreur, car dans la société que nous voulons, l'argent serait aboli, par conséquent il n'y aurait plus d'échange de produits, mais échange de services. Ensuite, pour qu'une révolution sociale, telle que nous l'entendons, ait pu s'accomplir, il faut bien admettre qu'une certaine évolution des idées se sera faite dans l'esprit des masses, ou tout au moins d'une forte minorité. Mais, si les travailleurs ont été assez intelligents pour détruire l'exploitation bourgeoise, ça ne sera pas pour la rétablir entr'eux, surtout lorsqu'ils auront la satisfaction de leurs besoins assurée.

Comme on le voit, la révolution elle-même,

pourra suppléer largement à la période éducative que réclament certains socialistes attardés.
Du reste, les compagnons qui nous tiennent ce
langage peuvent être de bonne foi, mais quant
à nous, nous ne comprenons rien dans ces finas-
series : Nous avons une idée que nous croyons
bonne, et nous cherchons à la propager autour
de nous et à la faire comprendre par ceux que
nous cherchons à entraîner avec nous à la révolution. Peut-être, quand la révolution se fera,
les idées ne seront-elles pas assez avancées
pour rallier autour d'elles la masse de ceux qui
y auront pris part ; mais, du moins, par notre
propagande nous aurons cherché à les répan-
dre et si, au lendemain de la révolution, nous
sommes forcés de subir une période transitoire, ce sera assez de la subir sans avoir à nous
en faire les propagateurs. D'ailleurs, on ne
tient pas assez compte de cette espèce de fièvre
et d'exaltation qui s'emparent des individus en
temps de révolution. A ces moments, les idées
germent et se développent rapidement, les
hommes sont poussés à une certaine abnégation d'eux-mêmes ; et ceci n'a jamais manqué
dans les révolutions passées, et par contre,
nous avons vu les idées larges et généreuses
étouffées par ceux qui s'étaient fait les chefs
du mouvement.

VII

LE LIBRE CHOIX DE TRAVAUX

Une des objections que l'on nous fait pour appuyer la nécessité d'une direction quelconque est celle-ci : Mais, dit-on, dans les groupes producteurs, par exemple, qui se formeront, il faudra bien un chef, un contre-maître, quelqu'un enfin qui distribue le travail, sans cela l'on se disputera pour faire la même chose, personne ne sera d'accord et en fin de compte on finira par ne rien faire de bon. — C'est, selon nous, se placer sur le terrain de la société actuelle et pas du tout au point de vue de la société future.

A quoi bon un chef ? puisque les individus qui composeront le groupe, formé en vue de produire tel ou tel article demandé par la production, se seront certainement entendus d'avance sur quelles bases ils doivent se constituer, — c'est que leurs idées sympathisent, puisqu'ils sont là librement. Alors, il n'y a pas besoin d'autorité parmi eux pour la distribution du travail, ils se le répartiront sans contestations aucune, selon leurs aptitudes, d'autant mieux que les individus auxquels ne conviendrait pas la manière de faire du groupe seraient libres d'en sortir et d'en chercher ou d'en constituer un autre qui réponde mieux à leur manière de voir.

Ce qui fait qu'aujourd'hui (et c'est ce qui pourrait se produire dans une société «collectiviste », puisque le travail, quoi qu'on en dise y serait toujours salarié), un ouvrier préfère tel travail à tel autre, c'est que pour lui il est plus avantageux que cet autre; mais du moment que l'on aura aboli le salariat, du moment que l'ouvrier n'aura plus qu'une somme d'activité à donner à la société en retour de la satisfaction de *tous* ses besoins, peu lui importera de dépenser cette somme d'activité à faire des sabots ou des bottes, des casseroles ou des chaudrons : il choisira le travail qu'il fait le mieux guidé qu'il sera par l'amour-propre qui le pousse à vouloir faire bien.

On a parlé aussi des travaux pénibles et dégoûtants, on a dit que s'il n'y avait pas d'avantages à faire ces travaux, personne ne voudrait les faire. Nous croyons, pour notre part, que les individus étant habitués à un métier, continueront ce métier, aussi bien après la révolution qu'avant; il le feront d'autant mieux que le travail pourra se faire alors dans des conditions plus saines, que l'on aura abrégé de beaucoup la journée de travail, que par l'extension de l'outillage mécanique et des perfectionnements que l'on pourra y apporter immédiatement, on aura supprimé, pour ainsi dire, comme travaux manuels certains métiers considérés aujourd'hui comme fatigants ou répugnants.

La même réponse peut se faire à cette objection que l'on nous fait constamment : par exemple qu'il pourrait se faire dans la société future, telle que l'entendent les communistes anarchistes, on ne trouvera personne pour faire le métier de vidangeur. Eh bien, suivons nos contradicteurs jusque sur ce *terrain* et admettons que n'y trouvant pas d'avantage, chacun étant libre de faire ce qu'il veut, il ne se trouve personne pour faire le métier de vidangeur.

Voilà un bien grand malheur ! Mais dans une maison où il y aurait ce petit travail à faire, par exemple, est-ce que chacun n'aurait pas mis du sien pour remplir la fosse ? Si, n'est-ce pas ?. Eh bien ! Du jour où le besoin de vider cette fosse se ferait *sentir*, les habitants iraient chercher une machine où ils seraient instruits d'en trouver, chacun mettrait la main à la pâte pour en être plus vite débarassé, et voilà tout ; vu que tous y auraient un intérêt immédiat, : celui de ne pas être empoisonnés. Ceci dit pour mettre les choses au pire, vu que les progrès qui se font en matière de construction nous font supposer que les choses seront beaucoup plus simplifiées que cela.

Enfin, une bonne raison pour que nous croyions que l'ouvrier sera assez éclairé pour savoir s'organiser lui-même au lendemain de la révolution sociale, c'est que déjà, il aura brisé le milieu dans lequel il s'étiole. Certainement, l'homme ne sera pas encore amélioré, par cela seul que la révolution aura été faite, mais le milieu dans lequel il se meut aura changé ; en place de cette société, égoïste, individuelle d'aujourd'hui, où tous les jours se dresse devant le travailleur exténué cette question terrible, bien souvent insoluble pour lui : comment mangerai-je demain ? en place de cette société où la lutte pour l'existence se poursuit sans trève ni relâche entre tous les individus qui la composent, l'homme se trouvera dans une société large, sans oppression aucune, basée sur la solidarité des intérêts et où la satisfaction de tous ses besoins sera assurée, n'ayant en retour que sa part de travail à y apporter.

Pourquoi les hommes ne s'entendraient-ils pas ? — Oui l'homme est égoïste, il est ambitieux mais brisez-lui entre les mains ce qui peut flatter cet égoïsme ou servir cette ambition, faites qu'ils ne puisse s'élever au dessus de la foule et de cette masse d'êtres qui, pris à part, ont tous les défauts d'une mauvaise éducation, héritage d'une société corrompue jusqu'à la moelle, il se dégagera des idées larges et généreuses, une abnégation et un enthousiasme qui font que l'on a vu dans les révolutions passées des hommes en guénille monter la garde arme au bras, devant des millions et les conserver scrupuleusement pour ceux qui devaient leur escamoter la victoire « ce n'est pas que nous voullions leur en faire des compliments, au contraire, nous préférons les voir s'en emparer, et accrocher aux becs de gaz ceux qui auraient tenté de les en empêcher, mais c'est un exemple que nous prenons parce qu'il nous semble convainquant.

On nous parle toujours d'évolution ; mais nous savons fort bien qu'il faut que l'évolution se fasse avant de passer dans les faits ; et c'est justement parce que nous savons qu'une idée, quelle que soit sa justesse, ne s'impose pas si les masses ne sont pas encore préparées à la recevoir, que nous essayons de faire cette évolution avant que la révolution qui se prépare ne nous surprenne. Quant à la révolution nous y mettrons nos idées pratiques et appellerons, par notre exemple, nos compagnons de misère à faire de même. S'ils le font, c'est que l'évolution sera faite ; si, au lieu de nous suivre, ils se mettent à nous tirer dessus, c'est que l'évolution ne sera pas faite et alors, certainement, nous succomberons. Mais, par le peu que nous aurons pu faire dans cette révolution, nous aurons lancé nos idées dans le domaine des faits ; et lorsque les travailleurs, retombés sous le joug de nouveaux maîtres qui continueront à les exploiter de plus belle, s'apercevront qu'ils auront encore une fois tiré les marrons du feu pour quelques intrigants seulement, ils réfléchiront et se diront qu'en effet nous avions raison de leur dire de ne pas se donner des maîtres ; et, comme le peu de faits que nous aurons pu accomplir durant la période révolu-

tionnaire, porteront en eux mêmes leur en-
seignement, nous pourrons être assurés que la
révolution qui viendra ensuite aura pour but
la mise en pratique de nos idées.

———

Nous, anarchistes, nous disons que le travail
étant rendu attrayant dans la société future,
au lieu d'être un esclavage comme dans la société actuelle, il deviendra un délassement; nous
disons que les heures de travail nécessaires
pour arriver à fournir les objets de consommation seront réduites, par la substitution à la
force de l'homme de toutes les forces motrices
que la nature et la science mettent au service
de l'humanité; par la restitution au travail productif de toutes les énergies employées à des
besognes inutiles; par la suppression de tous
les emplois parasitaires, qui ne servent qu'à
augmenter la jouissance exclusive d'une classe
d'individus: Nous disons, et nous savons que le
travail ne sera plus ce qu'il est aujourd'hui; les
individus ayant été capables d'accomplir une
révolution sociale, seront assez intelligents
pour savoir que, s'ils veulent continuer à tirer
de la société toute la somme de jouissances
dont ils ont besoin, cela ne leur sera possible qu'à la condition de contribuer à la production générale.

Ces faits nous paraissent d'autant plus évi-
dents, que chaque individu possède en lui-

même une certaine dose d'activité qu'il lui faut
dépenser d'une manière ou d'une autre. Rien
de plus naturel qu'il la dépense au travail qui
doit le faire vivre, et lui maintenir la satisfaction de ses besoins ; comme l'association peut
seule le mettre à même d'accomplir cette œuvre
en réduisant sa part d'efforts, en le mettant à
même d'employer l'énorme outillage qui existe
déjà, et qui pourra s'améliorer de beaucoup,
c'est donc vers le « mieux » du groupe dont il
fera partie qu'il portera ses efforts, puisque le
sien doit en découler. Ce sera vers le travail
utile que se porteront les efforts, et seules, les
entreprises qui présenteront quelque côté nécessaire ou agréable auront chance de trouver
les individus pour les mettre en œuvre ; nous
verrons donc toute l'activité s'employer à l'amélioration du bien-être général, et nous ne verrons plus le spectacle écœurant de la société
d'aujourd'hui, où les forces de milliers de producteurs sont dépensées pour la satisfaction
des caprices de quelques individus.

Pour en revenir à ce que nous disions de l'organisation, supposons une maison à construire :
il faudra, au préalable, établir un plan quelconque. Quoiqu'on ait accusé les anarchistes
d'être des brouillons et de ne pas savoir ce qu'ils
veulent, nous les supposons assez pratiques
pour croire qu'ils ne s'amuseront pas, lorsqu'il

s'agira de bâtir un édifice, — nous prenons ce travail comme exemple, nous pourrions prendre tout autre, — à poser des pierres les unes sur les autres, sans savoir pourquoi ni comment, pour le simple plaisir d'empiler des moellons. Dans la société actuelle, quand un propriétaire veut faire bâtir, il va trouver un architecte qui fait un plan avec devis des travaux à exécuter, et il fait construire sur ce plan. Dans la société future, pas plus que dans la société actuelle, on ne construira pour le plaisir de construire; lorsqu'on sera décidé à élever un bâtiment, c'est que le local futur sera affecté à une destination prévue; ceux qui voudront bâtir une maison sauront d'avance comment ils la veulent; ceci découle de la nature même des choses.

Deux cas pourront se présenter : le cas où un groupe de maçons construiroit de sa propre initiative; le cas où il construiroit sur la demande d'un autre groupe. Dans le premier, ils auront établi ou fait établir les plans de l'édifice à construire; dans le second, le groupe présentera les plans qu'il aura faits ou fait faire: mais, dans l'un ou l'autre, on se sera entendu au préalable pour la destination à laquelle devra être affecté l'édifice à construire, et on aura basé ses plans sur cette destination. Pour établir l'entente entre tous, il n'y aura nullement besoin d'autorité, pas plus que pour décider des projets qui doivent être adoptés, car l'intérêt individuel, — ce moteur de toute division et de toute chicane entre individus, — ayant disparu des relations de la société, les différences d'appréciation des individus ne pourront résulter que de la manière de voir, de concevoir les choses; les petites différences disparaîtront dans les discussions qui pourront s'engager à ce sujet, pour ne laisser en présence que les divergences trop accentuées pour s'accorder; alors chacun se groupera pour mettre en œuvre le plan qu'il croira répondre le mieux à sa destination. Peut-être y aura-t-il deux, trois bâtiments de construits au lieu d'un seul qui devait l'être primitivement. Qui pourra s'en plaindre ? D'ailleurs, il y aura cet avantage, que chacun ayant à cœur de prouver que le plan auquel il s'est rallié est le meilleur, que le groupe dont il fait partie a raison, chaque individu apportera à la réalisation de ce plan tout son savoir faire, toute son énergie. De sorte que nous retrouvons ici ce stimulant des individus, que les défenseurs de l'état de choses actuel prétendent être détruit par la suppression de la propriété individuelle.

Puis, ces plans une fois adoptés, une fois chacun groupé autour de l'idée qu'ils croient la meilleure, il n'y a là encore aucune place pour l'autorité. Ce besoin, que nous venons de constater plus haut, qu'ont les individus de faire bien, les poussera encore à prendre le genre

de travail auquel ils se sentiront les plus aptes —
aucun intérêt contraire ne les poussent à choisir plutôt tel autre genre de travail, puisqu'il
n'y aura aucune différence de rémunération
dans les travaux, et que, dans la nouvelle société, chaque individu a droit à la satisfaction
de tous ses besoins.

Une fois cette division du travail accomplie,
chacun se met à l'œuvre. Si, dans le courant du
travail, il plaît à un individu de changer le
genre d'occupation qu'il avait choisie pour en
prendre une autre, il cherchera celui qui voudrait changer avec lui. Ainsi le travail s'accom-
plira sans discussions, à la satisfaction de tous,
sans tiraillements ni acrimonie. Ce sera, en un
mot « l'Harmonie », ce but idéal de l'humanité.

Si, pour une cause ou une autre, un ou plusieurs individus ne peuvent plus s'accorder
dans le groupement qu'ils ont choisi, rien ne
les y attache, rien ne les force à y rester, ils
iront au groupe qui répondra le mieux à leurs
sentiments. Si, par hasard, il n'en existait pas,
ils chercheront d'autres individus qui sympa-
thiseront avec eux pour créer un groupe selon
leur manière de voir ; et comme tout caractère,
— à moins qu'il soit tout à fait biscornu, —
trouve toujours avec qui sympathiser, comme
les caractères biscornus ne sont que de rares
exceptions, et comme la société ou association

n'est, ou du moins ne doit être que le fait de caractères sociables, il s'ensuit que nous n'avons pas à tenir compte de ces anomalies, que l'on voudrait nous présenter comme des objections.

D'ailleurs, la nécessité est là pour celui qui tient à vivre. Aucun maître ne lui commande, mais son existence n'est possible que par l'association. S'il veut périr, il est libre; mais s'il veut vivre, il ne peut le faire qu'en trouvant des compagnons. La solidarité est une des conditions naturelles de l'existence, et nous nous en tenons aux indications de la nature.

Ce que nous venons de dire pour la construction d'un bâtiment peut s'appliquer à tous les besoins de la société; aussi bien à la création des voies ferrées, des canaux, des lignes télégraphiques, à la mise en pratique des inventions nouvelles, qu'à la création des objets les plus infimes de la production, à toutes les branches de l'activité humaine. Nous tâcherons plus loin de démontrer que tous les groupes, quels qu'ils soient, pourront facilement s'entendre entre eux, sans avoir besoin d'autorité qui leur impose cet accord.

VIII

HARMONIE, SOLIDARITÉ.

—

Dans le chapitre précédent, nous avons vu que les individus pouvaient arriver à se grouper et à s'entendre dans l'organisation qui découlerait de leurs rapports journaliers, sans autorité parmi eux, par le fait seul, du groupement des affinités, des mêmes tendances, du même but à poursuivre. Il nous reste à voir si les groupes pourraient exister les uns à côté des autres, sans se gêner, sans s'entraver, sans se combattre. Nous le croyons fermement et nous allons expliquer les raisons qui font pour nous de cette croyance, une certitude.

Si nous étudions les causes de division qui, dans la société actuelle, font de chaque individu un adversaire de son semblable, nous verrons que c'est d'abord la crainte du lendemain qui fait de chaque individu un être égoïste. Et néanmoins, l'homme pris en général, est plutôt porté à la sociabilité et se plaît à secourir son semblable, lorsqu'il sait pouvoir le faire sans compromettre son bénéfice ou ses chances de réussite. Le désir *d'arriver*, l'amour du lucre, ne sont que les produits de l'organisation antagonique de la société, qui fait aux individus une loi d'user de tous les moyens, dans cette lutte de tous les instants, qu'ils ont à se livrer ; pour atteindre le but avant leurs concurrents ; il faut qu'ils les écrasent, s'ils ne veulent pas être écrasés eux-mêmes et leur servir de marchepied. Telle est l'organisation de la société : il faut vaincre, si l'on ne veut pas disparaître, il faut se boucher les oreilles, pour ne pas entendre les cris de ceux qui se noient ; loin de s'arrêter à leur porter secours, il faut au contraire, les *aider* à s'enfoncer davantage, car la foule des concurrents est là, derrière vous, qui elle, marche toujours et vous marchera dessus sans pitié si vous faites mine de vous arrêter. Rien d'étonnant après cela, à ce que l'accord et l'entente entre les individus, soient si difficiles dans la société actuelle basée, qu'elle est, sur la concurrence individuelle, sur l'extermination les uns des autres.

Mais, comme nous l'avons vu dans le précédent chapitre, la société actuelle étant détruite, la propriété individuelle étant abolie, les individus n'ayant plus besoin de thésauriser pour avoir la certitude de leur lendemain, — cela du reste, leur étant rendu impossible, par la suppression de toute monnaie ou valeur représentative, — ayant la satisfaction de tous leurs besoins, assurée dans la société nouvelle, le stimulant des individus, n'étant plus que cet idéal de tendre toujours vers le mieux, les relations d'individus ou de groupes ne s'établis-

sant plus en vue de ces échanges où chaque
contractant ne cherche qu'à *enfoncer* son par-
tenaire, les rapports n'auront plus pour objet
que de rendre de mutuels services, où l'intérêt
particulier n'a plus rien à voir, l'entente sera
rendu facile, les causes de discorde auront disparu.

———

Certes, cette entente ne s'établira pas parfaite
du premier coup, ces relations ne naîtront pas
sur le champ comme à un coup de baguette
d'une fée de théâtre; avant que d'y arriver, il
y aura peut-être, bien des déceptions, bien des
tâtonnements, mais ce serait une erreur aussi
de croire que la Révolution Sociale, telle que
nous la comprenons, telle qu'elle doit se faire
pour être durable. puisse être l'œuvre de quelques jours. Le travail sera long, pénible, et de-
mandera bien des luttes, mais avec tous ses
essais, toutes ses reprises, toutes ses déceptions
la réussite définitive sera plus assurée qu'elle
ne le serait par des actes d'autorité. Les fautes,
les déceptions, n'auront qu'un effet, celui de
rendre les individus plus circonspects, de les
faire réfléchir avant d'agir, et quand ils s'apercevront qu'ils ont fait fausse route, il leur sera
facile de changer leur direction, mais une autorité en leur prescrivant une fausse route, les
forcerait à y marcher, et ils ne pourraient s'en
débarrasser qu'en recommençant la révolution

avant qu'elle soit achevée. L'expérience nous démontre que ce n'est pas toujours facile.

———

Les individus s'étant groupés comme nous l'avons vu dans le chapitre précédent soit pour produire, tel ou tel objet demandé par la consommation, soit pour consommer tel autre fourni par la production, il faudra nécessairement que ces groupes entrent en relation entre eux ; il faudra qu'ils se tiennent au courant de leur marche, de leur fonctionnement, pour se fournir, ou savoir où ils auront à s'adresser pour se procurer ce dont ils auront besoin ; en un mot, il faudra que les groupes opèrent le même travail d'agrégation que les individus auront opéré entre eux pour se grouper. Chaque groupe qui aura besoin d'un produit quelconque, recherchera le groupe qui le fabrique et se mettra en relation avec lui, pour qu'il le lui fournisse.

Ici se présente cette objection. « Comment fera un groupe auquel les autres groupes ne voudraient pas fournir ce dont il pourrait avoir besoin ? » Comme nous l'avons dit, les individus n'étant plus poussés par le besoin de thésauriser dans une société où l'intérêt individuel se confondrait dans l'intérêt général, les relations des individus et des groupes ne s'établiraient qu'au point de vue général ou de ce qui serait considéré comme tel ; toute œuvre qui

aurait une réelle utilité, serait sûre de trouver
un appui parmi les groupes, soit dans l'un ou
dans l'autre; il faudrait qu'elle soit bien mauvaise, pour ne rallier personne à son exécution.
Il y aurait même cet avantage sur la société actuelle, que les idées nouvelles pourraient trouver leur mise en application immédiate, tandis
qu'actuellement, une idée nouvelle n'est mise
en pratique, qu'autant qu'un capitaliste peut y
troûver un moyen d'exploitation nouveau et,
comme les capitalistes, en dehors de leurs affaires d'argent, n'ont qu'une faible valeur inté-
lectuelle, il s'ensuit que beaucoup d'idées se trouvent indéfiniment, ajournées quand elles ne
sont pas enterrées définitivement, et celles qui
voient le jour, au lieu de servir au profit de tous,
ne deviennent que l'instrument de fortune de
quelques uns.

On nous répondra. Mais alors votre idéal de
société, serait une république Spartiate; où tout
serait tourné au profit de la société, vous y sa-
crifierez l'individu, et ce qui rentre dans la
production des plaisirs, tout ce qui ne sert qu'à
l'amuser ou à le distraire, et n'est pas employé
pour les besoins immédiats, serait par ce fait,
inévitablement exclu de la production sociale.

Erreur, nous considérons que tout ce que
l'individu peut désirer, est un besoin pour lui,
lui devient par conséquent nécessaire et fera
inévitablement partie de la production sociale,

et là encore ce seront les affinités, les similitudes de goûts qui guideront les individus et les grouperont pour les relations à établir, pour s'en assurer la satisfaction.

Nous croyons pour notre part, étant données les diversités de tempéraments et les variétés d'aptitudes, qu'il s'établira des groupes pour la production de tout ce qui embrassera l'activité humaine, et que dans une société égalitaire on continuera de trouver tout ce qui pourra plaire aux individus, — abstraction faite, de l'idéal que nous rêvons, où tous les hommes par le fait d'une éducation meilleure et de la facilité qu'ils auront à satisfaire leurs besoins, auront des goûts plus simples, plus affinés, plus esthétiques, perdront cet amour du clinquant et de la quincaillerie, qui distingue l'homme sauvage. — Nous prenons l'homme tel qu'il est, et qu'il pourra être encore au lendemain de la révolution et nous disons que la variété d'aptitudes qui différencie les hommes, leur permettra justement de produire tout ce qu'il faudra pour satisfaire les individus, quelle que soit la diversité de goûts qui les sépare.

Mais nous pouvons admettre encore que certaines choses ne soient pas produites, parce que le besoin ne s'en serait fait sentir que chez un très petit nombre d'individus. Eh bien, est-ce que les hommes ne seront pas maîtres de la plus grande partie de leur temps, de tout leur temps même si cela leur fait plaisir ? Est-ce que la matière, l'outillage, ne seront pas à la disposition de tout le monde ? Ceux qui éprouveront le besoin d'une chose qu'ils ne trouveraient pas toute faite, n'auront qu'à se rechercher, à se grouper en vue d'arriver à produire cette chose qui leur manquera, et l'on verra ainsi se créer une nouvelle branche de production sociale.

Une autre objection qui n'est pas sérieuse, mais qui peut le paraître à celui qui n'est pas encore parvenu à se débarrasser des préjugés de la société actuelle, est celle-ci : « Il peut arriver, nous dit-on, que les efforts de la production se portent plutôt sur une branche que sur une autre ; il peut arriver ainsi, que certains produits dépasseront les besoins, tandis que d'autres manqueront absolument ; il faudrait pour parer à cet inconvénient, des commissions de statistique, qui ne seraient pas un gouvernement, *mais, qui diraient aux individus ce qu'ils auront à faire.* Si vous n'établissez pas ces commissions, vous ne pourrez parer à cet inconvénient ? »

———

Ce que nous venons de dire pour la production des objets de luxe ou de plaisir répond parfaitement à la question. Ceux qui éprouveront le besoin d'une chose, seront toujours à même de la produire ; mais, il faudrait supposer les individus bien stupides pour croire qu'ils voudront produire pour le seul plaisir de produire, et de les croire capables de s'entêter à vouloir produire un article qu'ils sauront encombrer tous les dépôts.

D'ailleurs, les statisticiens ne manqueront pas. Le goût de chiffrer, de compter, de mesurer est un travail attrayant pour bien des hommes. A eux de nous renseigner par le détail sur l'équilibre des produits et de la consommation.

Les groupes de production ne s'établiront qu'en proportion des besoins, et l'encombrement des produits ne pourra jamais avoir lieu, car la poste, le télégraphe et tous les moyens de communication étant à la libre disposition des groupes et des individus, chaque groupe pourra ainsi se tenir au courant des besoins de la consommation, y régler et modifier sa production en conséquence ; les produits pourront se répartir des endroits où ils seront accumulés aux endroits qui en manqueraient, par conséquent les individus n'auront aucune utilité à remettre sur le dos une commission de statistique qui leur ordonnerait ce qu'ils auraient à faire, quand ils pourront s'en rendre compte eux-mêmes.

On voit par les quelques points que nous avons touchés, qu'il serait facile d'organiser une société sans autorité.

IX

COMMUNISME ET ANARCHIE

On nous dit, « pourquoi prendre le titre de communiste qui implique l'autorité, car si nous étions en communisme, les individus seraient obligés de partager avec les autres ce qu'ils pourraient obtenir de satisfactions personnelles, par conséquent, ils ne seraient pas libres? Pourquoi ne pas garder le titre seul d'anarchiste? » Telle est l'objection qui nous a été faite.

Le mot « anarchie » n'est qu'une négation politique, et n'indique nullement nos tendances sociales, et comme la liberté que les anarchistes réclament ne découlera que de la situation économique que les individus auront su se créer, il est toujours nécessaire croyons-nous d'indiquer le but auquel on veut tendre.

Certes, il n'y a guère de confusion possible sur le mot anarchiste; tous les anarchistes, en effet, sont considérés, non-seulement, comme adversaires de l'autorité mais surtout, comme ennemis de la propriété; mais, comme notre but, nos idées, nos tendances notre organisation physique, nos besoins, tout en un mot, nous pousse vers un état social où tous les hommes unis entre eux, pourront *librement* évoluer selon leurs *différentes* manières de voir, pourquoi donc avoir peur d'un mot, s'il peut désigner notre conception, et avoir peur de l'employer parce qu'il aura servi d'étiquette à des systèmes que nous repoussons ; n'ayons pas peur des mots, méfions-nous plutôt de ce que l'on pourrait tenter d'y cacher dessous.

Nous devons prendre les mots pour ce qu'ils valent et ne pas nous arrêter à la valeur que d'autres veulent leur donner. Or, comme nous pensons que l'Anarchie doit conduire l'humanité à un état social harmonique, où les individus vivront sans querelles, sans lutte, dans la plus parfaite intelligence, le mot communisme s'adapte donc parfaitement à la chose. Que nous importe donc que des fabricants de systèmes sociaux aient donné ce nom aux conceptions qu'ils avaient rêvé d'imposer, les mots n'ont qu'une valeur relative, celle que l'on veut bien leur donner, et, le mot « anarchiste » loin de hurler à côté du mot « communiste », vient au contraire, corriger cette idée autoritaire que l'on pourrait lui donner et démontrer que, si nous reconnaissons que les individus doivent vivre en société, nous reconnaissons aussi qu'ils doivent y vivre sur le pied de la plus parfaite égalité, sans autorité aucune, pas plus sous celle du Sabre que du Droit Divin, pas plus sous celle du Nombre que de l'Intelligence. Chaque individu doit être son maître et n'a à subir l'influence de personne.

Il ne s'agit donc plus que d'élucider le but vers lequel l'homme se trouve entraîné par ses facultés, d'élucider ce mot qui paraît effrayer certains de nos amis, d'en écarter les fausses interprétations qu'y ont attachées certains socialistes qui ont voulu créer des sociétés, basées plutôt sur les rêves de leur imagination, que sur les caractères vrais de l'homme. C'est ce travail que nous essayons d'accomplir, en ayant soin toutefois, de bien établir que nous n'avons nullement l'intention — nous retomberions alors dans la même faute que nos devanciers — de sortir, toute armée de notre cerveau, une société établie de toutes pièces, et que l'on devrait imposer aux individus, sous prétexte de faire leur bonheur. Notre prétention est moins grande, nous cherchons seulement à démontrer aux individus, qu'ils sont les seuls aptes à connaître leurs besoins, à savoir se guider dans leur évolution et ne doivent confier ce soin à personne; qu'il n'y a qu'une manière d'être libre, c'est de ne pas avoir de maîtres et en même temps nous cherchons à démontrer aux travailleurs qu'une société peut parfaitement s'établir sur ces bases. Voilà notre seule intention, puissions-nous réussir, nous serons satisfaits.

———

Nous devons repousser le Communisme nous dit-on « sous peine de retomber dans le sentimentalisme vague et mal défini des premiers socialistes ». Nul plus que nous, n'est ennemi de ce sentimentalisme bête qui fait respecter à l'individu les préjugés qui l'entravent dans sa marche, nul plus que nous, n'est l'adversaire de ce sentimentalisme idiot dont les poètes et les historiens bourgeois ont farci leurs élucubrations, pour fausser l'intelligence de la masse en excitant chez elle une générosité bête qui la rendait toujours dupe des intrigants qui n'avaient qu'un but, exploiter les sentiments d'abnégation qu'ils savaient exciter chez les autres, et ont fait que les révolutions sont venues toutes échouer piteusement devant des scrupules bêtes et hors de saison.

Mais, sous prétexte d'éviter de tomber dans le sentimentalisme, il ne faut pas non plus faire ce qui est arrivé en littérature, tomber dans l'excès contraire et arriver à nous présenter l'homme sous un aspect aussi impossible que celui sous lequel nous le présentent les poètes. En dehors de ce sentimentalisme des cerveaux mal équilibrés, il y a un certain idéal, un sentiment de « mieux », un besoin de progrès qui se fait sentir chez l'homme et dont on doit tenir compte ; ce sont ces aspirations qui font de l'homme un être intelligent, et, devenues le mobile de ses actions, le distinguent de la brute. C'est en prenant l'homme tel qu'il est, en tenant compte de *tous* les sentiments qui le font mouvoir, des conditions d'existence que la nature lui crée, que nous arriverons à nous faire une idée de son avenir.

Or, la question ici se place sur un autre terrain et devient celle-ci : l'homme peut-il vivre seul ? Étant données les conditions d'existence qui lui sont faites, le développement de son industrie, son organisation physique et ses besoins, l'homme pourra-t-il s'isoler ? Tout nous répond que non, tout nous démontre que la société est un des besoins de l'homme, tout le pousse vers l'association ; chacun se sent attiré par tel ou tel caractère, par telle ou telle personne. L'isolement est la plus grande des tortures dont les philantropes aient doté la société ; la sociabilité est le vrai caractère de l'homme, les misanthropes et les solitaires ne sont que des cerveaux détraqués ou des hallucinés. Et, ce qui prouve bien la vivacité de ce caractère chez l'homme, c'est qu'il a pu survivre et résister aux injustices criantes que l'on commet tous les jours « au nom de la société », et les font accepter aux individus, comme une nécessité de l'état social.

Mais, si l'homme ne peut vivre isolé, s'il ne peut s'affranchir des obstacles que lui créent les conditions naturelles d'existence, qu'en associant ses forces à celles de ses semblables, si son tempérament, ses goûts, son intérêt le poussent à l'asssociation, il est évident que

cette association doit se faire dans des conditions d'égalité parfaite, entre *tous* les contractants, pour être durable, et ne devra laisser
subsister aucuns priviléges dans son sein, si
elle veut conserver et rendre facile l'entente
parmi ses membres qui, par le fait qu'ils seront, soit en société, soit en groupes, n'importe
le nom que l'on donne à cette association, consommeront, produiront, agiront enfin ensemble
selon le but pour lequel ils se seront groupés,
et agiront par conséquent en « commun ».

On nous dit que « si nous avions le Communisme, les individus ne pourraient garder pour
eux les jouissances qu'ils auront su se créer ».
Cette objection n'a pas de fond, car l'outillage,
la production, le sol, les moyens de communi-
cations et de transports étant à la libre disposition des individus sans le visa d'aucuns *répar-
titeurs*, les individus n'auraient nullement à se
partager les jouissances qu'ils se créeraient.
Ceux qui, en égoïstes, voudraient les garder
pour eux, rien ne les empêcheroit, cela serait leur affaire, ceux qui les entoureraient ne
penseraient même pas à leur réclamer quoi que
ce soit, car si leurs besoins les poussaient à désirer ces mêmes jouissances, ils auraient toutes
les facilités voulues pour se les créer à leur tour.
Ce serait encore un des stimulants de l'individu
— que les économistes bourgeois prétendent ré-

sider dans l'appropriation individuelle, — qui se
ferait jour, sous de nouvelles et de plus nobles
formes, dans la société nouvelle. Comme on le
voit, le Communisme que nous entendons, n'a
rien de commun avec celui des autoritaires, et
laisse toute liberté à l'individu.

Mais, si l'homme est forcé de vivre en société,
cette société, elle, n'a de raison d'être que par
l'avantage que doivent y trouver les individus,
l'état social n'est, pour l'homme, qu'un moyen
de s'affranchir des obstacles naturels et d'a-
grandir le champ de son activité et de son autonomie, en lui donnant la force de surmonter
les obstacles, en réduisant à sa plus minime
valeur la somme de temps nécessaire à la production des objets indispensables à son existence et à la satisfaction de ses besoins physiques.

C'est dire que la société — cette entité abstraite, créée par les sociologues et les politi-
ticiens pour absorber l'individualité humaine
en un tout qu'ils ont su exploiter à leur profit —
n'a aucun droit, aucun pouvoir sur l'individu
et qu'en aucun cas celui-ci ne peut être sacrifié
aux besoins de celle-là ; car la société ne peut
avoir aucun besoin propre à elle seule, aucun
intérêt qui lui soit particulier ; ses besoins ne
sont que la somme des besoins des individus
qui la composent, et, par conséquent, l'intérêt
social et l'intérêt individuel ne peuvent jamais

se trouver en antagonisme dans une société bien équilibrée; quand ce fait se produit c'est que, comme dans la société actuelle, cette société est établie sur des bases fausses et ne sert qu'à masquer l'exploitation d'une partie de ses membres au profit d'une autre partie qui a su faire tourner l'association à son profit et alors les individus opprimés ont le droit de rompre l'association, par la force quand cela est nécessaire.

Mais, si l'homme, en raison de son bien-être, est forcé de vivre en société, cela ne veut pas dire que cela soit une contrainte, et c'est se faire une étrange idée de l'homme que de croire qu'il aura amoindri son autonomie, aliéné sa liberté parce qu'il aura uni ses forces à celles d'autres individus, en vue de tirer meilleur parti des ressources qui lui offre son industrie. Quand les hommes auront acquis la liberté économique, quand ils n'auront plus parmi eux des dispensateurs des produits naturels ou industriels, quand ces produits seront à la libre disposition de tous; les individus seront libres et égaux; car pouvant satisfaire tous leurs besoins, ils n'auront plus à subir l'influence de personne et ne la subiront pas, ils se sentiront à armes égales avec celui qui voudrait les dominer.

— C'est donc pour bien caractériser ce côté économique de notre propagande que l'on a cru

utile, d'adjoindre au qualificatif « Anarchiste »
le mot « Communiste ». Nous ne devons pas
oublier que notre esclavage politique ne découle
que de notre esclavage économique ; l'autorité n'ayant pour raison d'être que la défense
des privilèges des possédants, contre les réclamations des dépossédés, c'est donc du côté de
nos maîtres économiques que nous devons principalement diriger nos coups.

Du reste, comme dans la société que nous envisageons, nous repoussons absolument l'établissement de places ou situations qui pourraient permettre à un nombre plus ou moins
grand, plus ou moins restreint d'individus de
dominer les autres et leur servir de levier pour
peser sur le restant de la masse. Comme notre
propagande consiste à démontrer que tous ces
rouages sont nuisibles sans être d'aucune utilité, il s'ensuit donc que notre communisme est
bien défini et ne laisse place à aucun doute, à
aucune équivoque. D'autant plus, que tous les
tableaux plus ou moins idéaux, que nous
pouvons évoquer, de la société de l'avenir,
nous ne pouvons les présenter aux individus que comme un état plus parfait vers lequel ils doivent tendre tous leurs efforts, mais
en ayant bien soin de leur démontrer que cette
société ne peut s'établir que par la libre évolution des individus, lorsqu'ils auront brisé les
obstacles qui les entravent actuellement, et *ne*

peut s'imposer à eux, sous peine de rendre les effets contraires, c'est-à-dire, laisserait subsister dans l'humanité, l'état de guerre qui caractérise notre état social actuel, au lieu de lui apporter notre idéal : *l'Harmonie* !

X
DE L'INFLUENCE MORALE
DE LA RÉVOLUTION

On nous dit aussi : « Qu'avons-nous à nous
occuper de ce qui se passera demain? Nous
avons assez à faire de combattre dans la lutte
présente, sans avoir à chercher ce que nous
ferons après. Ne perdons pas notre temps à rê-
vasser sur des utopies quand le présent est là,
qui nous étouffe. Luttons d'abord contre la société actuelle ; quand elle sera renversée nous
verrons ce que nous aurons à faire ».

Voilà un des reproches qui nous a été fait.

Comme nous l'avons dit déjà, chaque fois
qu'il nous a été donné de traiter ce sujet, il ne
rentre pas dans notre idée de créer un nouveau
système social que l'on devra appliquer au jour
de la révolution ; si telle était notre idée, on aurait raison de nous reprocher de perdre notre
temps à des futilités. Nous irons même plus
loin : à celui qui aurait cette prétention nous
n'hésiterions pas à dire qu'il fait œuvre de ré-

actionnaire, car vouloir créer un cadre tout prêt à la société future, se serait faire œuvre de rétrograde, se serait vouloir l'entraver dans son évolution, ce serait prétendre mettre des bornes au progrès et vouloir l'empêcher d'aller au delà de l'espace que votre propre vue vous permet d'embrasser.

———

Mais telle n'est pas notre intention en entreprenant ce travail, nous n'avons pas, et nous défions qui que ce soit de trouver quelque chose pouvant faire supposer que telle était notre idée. Loin de vouloir démontrer ce qui *devra* être dans la société future, nous voulons démontrer — puisque l'on nous objecte toujours que les individus ne pourraient s'entendre s'ils n'avaient une autorité pour les conduire — que cette autorité, au contraire, leur serait nuisible ; nous avons voulu démontrer qu'une société peut parfaitement se mouvoir sans les différents accessoires dont les autoritaires veulent à toute force la doter, nous avons cherché à faire comprendre que les individus pouvaient se grouper pour les divers besoins de leur existence, sans autorité parmi eux ; quand aux modes de groupement, nous les avons laissés de côté, les individus devant être les seuls juges du mode de groupement qui leur convient.

En un mot, nous avons essayé de démontrer aux individus *ce qui ne devait pas être*, ce qu'ils devaient empêcher d'établir au jour de la révolution s'ils ne veulent pas avoir combattu pour changer seulement la forme du joug qui les attache à la glèbe et à la machine.

***

Ce qui nous fait considérer cette discussion comme très utile, c'est que si les révolutions passées ont si piteusement échoué, si les intrigants ont pu faire tourner la victoire à leur profit, c'est que la masse s'était uniquement préoccupée des besoins de la lutte présente son idéal, son désir, le but pour lequel elle combattait c'était la liberté et le bien-être, il est vrai, mais sous quelles formes devaient ils lui venir, elle ne s'en était pas occupé ; on lui avait parlé de République en lui faisant entrevoir tout un monde de félicités, cela avait suffi, elle avait combattu pour la République en laissant aux *initiés* le soin de lui organiser son bien-être et sa liberté, ce dont ceux-ci avaient profité pour lui remettre le joug qu'elle venait de briser. Il ne doit plus en être ainsi, il faut, quand la masse descendra dans la rue, qu'elle sache ce qu'elle veut, de manière qu'elle ne se laisse plus conduire.

Certes, il est facile de dire : « Ne nous occupons pas de ce qui se passera demain, chaque jour fournit à sa tâche, occupons-nous de détruire ce qui nous gêne, nous verrons après ». Que nos amis qui nous tiennent ce raisonnement nous permettent de le leur dire, ce n'est pas de cette façon que l'on fait des adhérents convaincus, sachant *ce qu'ils veulent*, incapables de se laisser détourner de leur voie par les phraseurs. C'est parce que l'on ne fait les révolutions qu'à coups d'idées, que nous voulons déblayer complètement le terrain sur lequel nous voulons combattre, que nous cherchons à débarrasser notre route de tous les préjugés qui entravent notre marche et essayons de former une conviction solide chez ceux que nous cherchons à convaincre.

———

Il ne faut pas que, dans la prochaine révolution, on fasse mouvoir la masse avec des mots; il ne faut pas que, sous l'épithète « Anarchie », on lui fasse avaler tous les systèmes possibles, il faut que les travailleurs sachent avant, ce qu'ils auront à faire pendant et après le combat — non pas éclairés de tous points et dans tous les détails de ce qu'ils auront à faire, cela est impossible, ce sont les circonstances qui doivent les guider dans les besoins de la lutte, mais il faut qu'ils sachent *tout ce qu'ils devront empêcher* s'ils ne veulent pas que la victoire leur échappe encore. Si, dans les révolutions passées, on s'était préoccupé avant de ce qui devait se passer après, nous n'en serions peut-être pas à recommencer aujourd'hui. Il ne faut pas que les mêmes fautes se reproduisent, il faut que nos idées soient discutées et bien élucidées afin que la masse ne se laisse plus aller à subir un état de choses qui serait la négation du but pour lequel elle aurait combattu. Il n'y a que quand on sait bien ce que l'on veut, que l'on fait de la bonne besogne.

Nous avons le présent contre lequel il faut lutter de toute notre énergie, nous dit-on ; cela est vrai, nous le reconnaissons, mais, dans la propagande que nous faisons il y a place pour toutes les énergies, pour tous les tempéraments. Que les impatients, que ceux qui brûlent de se mesurer avec l'organisation actuelle et ne veulent pas entendre parler de rien autre, que ceux-là agissent selon leur tempérament, nous n'y voyons aucun mal nous ne serons jamais les derniers à applaudir aux coups portés. La propagande théorique, du reste, ne peut que leur être d'un concours utile, pour ne pas dire indispensable. Mais nous envisageons la lutte sous un plus large aspect ; nous l'envisageons sous toutes ses faces et nous trouvons que pour opérer une transformation aussi profonde que nous voulons, il n'est pas de trop de toutes les aptitudes, de tous les dévouements, n'importe la forme sous laquelle ils se produisent, du moment qu'ils ont pour but la destruction d'un préjugé, l'élucidation d'une vérité. C'est cette division naturelle et spontanée du travail qui, permettant à toutes les initiatives de se produire, nous facilitera la destruction de la société actuelle en nous mettant à même de l'attaquer de tous les côtés à la fois.

———

D'autres compagnons nous disent : « mais s'il n'y a plus *rien* que l'Anarchie, comment fera-t-on pour empêcher les anciens patrons, propriétaires et gouvernants (qui se ligueraient pour rétablir la propriété individuelle et l'autorité ? Si la révolution venait à être victorieuse dans un pays quelconque, comment ferait-on pour la défendre contre les autres puissances qui ne manqueraient pas de l'attaquer, si les individus restent éparpillés et n'ont pas une force qui les relie, comment empêchera-t-on les crimes ? comment empêchera-t-on les fous de nuire ? »

Si les compagnons qui nous font ces objections, avaient bien voulu réfléchir à la somme d'énergie qu'il aura fallu que dépense la masse pour arriver à faire triompher la révolution sociale, s'ils avaient réfléchi que la plupart des inconvénients qu'ils redoutent ne sont que le produit de l'organisation antagonique actuelle et doivent disparaître avec elle, ils auraient compris que ces objections ne peuvent nullement arrêter la propagande, mais comme on gagne toujours à élucider une question, nous allons y répondre.

Comment veut-on que les anciens gouvernants, propriétaires et patrons, essaient de rétablir leur autorité ainsi que la propriété individuelle, quand les forces qui les soutiennent actuellement n'auront pu empêcher leur renversement, se trouveront détruites ou dispersées, qu'ils en seront réduits à leurs seules forces? Du moment que les travailleurs auront été assez forts pour détruire toute l'organisation actuelle qui pèse de tout son poids sur eux, ne croyez-vous pas qu'ils le seront assez pour empêcher qu'elle se reforme? Le danger ne serait-il pas au contraire dans la possibilité que les rétrogrades auraient de s'emparer du pouvoir, si les travailleurs étaient assez bêtes pour en laisser créer un, et de les voir s'en servir à leur profit? Poser la question c'est la résoudre, nous ne nous y arrêterons donc pas davantage.

Quant à ce que les gouvernements tombent sur le dos du peuple qui serait parvenu à faire triompher la Révolution Sociale, cela ne ferait aucun doute, s'il était possible de localiser la révolution. Mais comme la révolution sociale ne peut vaincre qu'à condition qu'elle soit internationale, comme les travailleurs n'arriveront à se débarrasser de leurs exploiteurs qu'à condition qu'ils feront abstraction de ces lignes fictives qui les séparent et, abjurant les haines idiotes que leurs exploiteurs leur ont soufflées, pour les armer les uns contre les autres prêteront la main pour accomplir cette besogne salutaire: la destruction des parasites; comme la révolution sociale, en un mot, ne peut être le fait d'une nation plus que d'une autre, mais doit s'étendre à l'humanité entière, il s'ensuit que la révolution ne peut se localiser et qu'elle pourra éclater sur plusieurs points à la fois, ou l'un après l'autre, selon les circonstances qui feront naître ces divers mouvements. Mais, somme toute, comme ces causes agiront sur tous les points en produisant les mêmes effets, chaque gouvernement sera assez occupé chez lui sans avoir à s'occuper de ce qui se passe chez ses voisins.

Envisagée à ce point de vue, la révolution sociale ne nous apparaît plus que comme une longue suite de combats avec des alternatives de défaites et de victoires pour les travailleurs, de sorte que ce que l'on appelle improprement le lendemain de la révolution se trouve indéfiniment éloigné, car la révolution peut durer un siècle, comme elle peut se terminer en quelques années (de sorte que c'est la révolution elle-même, qui nous tiendra lieu de cette période transitoire que réclament les collectivistes). Mais ce serait une erreur de croire que le bouleversement du vieux monde, tel que nous le comprenons, puisse être l'œuvre d'une journée ou deux, ce serait fortement s'illusionner de croire qu'il n'y aura qu'à renverser un gouver-

nement ou deux et une demi-douzaine de décrets à lancer pour établir le nouvel état de
choses. Si elle était envisagée à ce point de vue,
la Révolution Sociale amènerait beaucoup de dé-
sillusions. La lutte sera longue et pénible ; elle
ne prendra fin qu'avec la prise de la dernière
parcelle de la propriété individuelle et la dis-
parition du dernier vestige d'autorité sur la
terre.

Quant aux crimes, à de rares exceptions près,
on n'est pas criminel pour le simple plaisir de
commettre un crime. Dans la société actuelle la
plupart des crimes ne se commettent que par
intérêt ou pour des causes qui dérivent de la
mauvaise organisation sociale. Que l'on fasse
disparaître ces causes et les crimes qu'elles en-
gendrent disparaîtront avec elles.

Pour les criminels dont les actes ne paraissent
avoir aucuns mobiles explicables, et ne paraissent avoir agi que pour le plaisir de tuer ou
tout autre sentiment de férocité, malgré que
parfois l'on n'ait pu trouver, chez leurs auteurs,
des traces appréciables de l'altération du cerveau, il n'en est pas moins acquis, pour le mé-
decin, pour le savant qui cherchent réellement
à savoir et dont la science ne consiste pas à se
créer une situation magnifique, en flagornant
la société ou en se faisant pourvoyeurs de bour-
reaux, pour le savant désintéressé, il est hors

de doute que ces individus ont sûrement obéi
à des impulsions indépendantes de leur volonté, et que pour n'être pas perceptibles à la science actuelle, ces lésions n'en existent pas moins,
et que leur cas relevait plus spécialement de la
science que du bourreau.

Il est évident que si ces cas se produisaient
dans la société future, les individus seraient
toujours en état de légitime défense contre ceux
qui voudraient attenter à leur sûreté ; mais
alors que l'on se défende au moment où cette
attaque se produit, que l'on ait au moins le cou-
rage de ses actes ; que l'on n'aille pas s'abriter
derrière une fausse morale, derrière des entités
qui ne servent qu'à masquer votre couardise et
vous fait faire avec parade et ostentation ce que
vous prétendez punir chez l'individu dont vous
vous êtes érigés les juges. Belle logique vraiment que celle qui consiste à tuer un individu
sous prétexte de lui apprendre à ne pas tuer.

Quant à nous, nous sommes certains que ces
faits doivent disparaître dans la société future,
la nature de l'homme n'est pas d'être malade et
d'avoir un cerveau détraqué ; toutes les maladies, toutes les affections cérébrales, ne sont
que le produit des mauvaises conditions d'existence que la société crée à l'individu, elles doivent disparaître quand l'homme sera revenu

dans des conditions normales d'existence.

Certes, ces anomalies ne disparaîtront pas tout-à-coup, avec les causes qui leur ont donné naissance, l'hérédité les continuera pendant un certain temps, mais, elles iront toujours en s'affaiblissant, car là encore, la révolution sera venue exercer son influence salutaire, quoique cela puisse sembler paradoxal.

Les médecins, en effet, ont remarqué que dans les périodes troublées, les maladies, les épidémies avaient beaucoup moins de prise sur les populations en effervescence, et cela est vrai, la lutte, le mouvement, l'enthousiasme, tout cela développe les forces vitales de l'individu et le rend moins vulnérable aux coups de la maladie.

La longue période révolutionnaire que l'humanité aura à traverser, en exaltant chez l'individu toutes les passions qui lui donnent la vitalité, contribuera pour une bonne part à l'élimination de ces germes morbides qui entraînent l'humanité à sa décadence. La société future, en ramenant l'homme à ses conditions naturelles d'existence, l'affranchira de la maladie et le remettra dans la voie du progrès.

X

L'ENFANT DANS LA SOCIÉTÉ NOUVELLE

—

Une des questions les plus complexes et les plus délicates à traiter, est certainement la question de l'enfance. Quand on pense à la faiblesse de ces petits êtres, quand on songe que les premières sensations qui viendront impressionner leur cerveau influeront plus ou moins sur le restant de leur vie, on se sent pris d'un profond sentiment de sympathie envers eux. C'est justement parce qu'ils sont faibles, qu'ils mourraient si on ne leur venait en aide, que dans une société anarchique où personne n'aura à craindre la misère, que tous se précipiteront pour être utile à l'enfant et que son développement physique et moral deviendra parfaitement assuré.

Mais avant que d'aborder cette question, il faut se faire une idée bien nette des rapports sociaux, il faut se rendre compte des rapports de l'homme et de la femme, il faut enfin complètement débarrasser son cerveau des préjugés qui, actuellement, servent de base à la famille juridique.

———

Étant donné que les anarchistes ne veulent d'aucune autorité dans leur organisation ; étant donné que l'organisation, telle qu'ils la comprennent, découle des rapports journaliers entre les individus et les groupes producteurs, rapports directs, sans intermédiaires, s'opérant sous l'action spontanée des intéressés, de groupes à groupes, d'individus à individus, mais se rompant de même, sans comité qui représente, ou du moins qui ait la prétention de représenter l'organisation sociale; étant donné enfin, que les rapports des sexes seront redevenus ce qu'ils sont naturellement: l'entente libre de deux êtres libres, entente qui n'a rien à voir avec l'organisation sociale, la question se simplifie de beaucoup et ne se pose plus, comme l'ont posée jusqu'ici les socialistes autoritaires: « A qui doit appartenir l'enfant ? » Car l'enfant n'est pas une propriété, un produit qui puisse appartenir plus à celui qui l'a créé — comme le veulent les uns — qu'à la société, comme le prétendent certains autres.

D'abord en Anarchie, comme nous l'avons dit, il y a bien une association d'individus qui combinent leurs efforts en vue d'arriver à une plus grande somme de jouissances possible, mais il n'y a pas de société proprement dite, telle qu'on l'entend aujourd'hui, c'est-à-dire, venant se résumer en une série d'institutions qui agissent en lieu et place, au nom de la masse. Or donc, comment attribuer l'enfant à une chose, à une entité qui n'existe pas d'une manière palpable et tangible ? Qui en prendrait possession ?

Quant à ceux qui veulent que l'enfant appartienne à ceux qui l'ont créé, produit, nous leur ferons observer : que l'enfant, quoiqu'arrivant dans la vie dans des conditions peu favorables pour lui, par le fait de sa faiblesse qui le fait l'inférieur de celui qui lui donne les soins, n'en est pas moins un être qui apporte en naissant son droit à l'existence, et que sa faiblesse n'infirme en rien ce droit primordial, puisque ce stade de faiblesse est une des phases communes à tous les êtres humains. Donc, l'enfant ne peut être non plus la propriété de ceux qui l'ont précédé. On doit lui fournir les objets nécessaires à son complet développement, comme on les a fournis à ceux entre les mains desquels il est tombé. La question ne se pose donc plus, comme nous l'avons dit plus haut, mais bien de la façon suivante : » Qui, dans la société nouvelle, donnera les soins à l'enfant ? »

En effet, la famille juridique étant abolie, les rapports de l'homme et de la femme n'étant plus entravés par les difficultés économiques ou sociales, comme ils le sont actuellement, ces rapports s'établissant librement par le simple jeu des affinités ; le caractère des individus sera forcément modifié par cette situation ; l'idée du père et de la mère sera forcément agrandie. Les individus trouvant dans la société la satisfaction de leurs besoins, l'éducation et l'entretien des enfants n'étant plus, par ce fait, une charge pour les parents, le père et la mère ne seront plus, comme ils le sont actuellement, par suite des privations qu'ils s'imposent, entraînés à considérer l'enfant comme une chose leur appartenant et de laquelle ils peuvent dire : « C'est moi qui l'ai fait, c'est moi qui le nourris, c'est moi qui l'entretiens, il m'appartient, la loi m'en proclame le maître, j'ai le droit d'en faire ce que bon me semble. »

Tout autre sera la situation ; les individus ne subissant plus aucune contrainte, n'étant plus astreints à aucune privation, au lieu de voir dans l'enfant une charge de plus à leur misère, un être inconscient qu'ils façonneront au mieux de leurs intérêts, ils y verront un petit être à développer, à instruire, et n'étant plus talonnés par les soucis de l'existence, ils s'acquitteront à merveille de cette tâche.

La famille n'étant plus réglée par aucune loi — puisqu'elles seront toutes détruites — ici comme dans tous les rapports sociaux, c'est la diversité de caractères et de tempéraments le libre jeu de ces aptitudes diverses qui aplanira les difficultés de la situation et permettra à chacun de trouver sa place dans l'harmonie sociale sans heurts ni difficultés.

Il y a des individus qui n'aiment pas les en-

fants, pour qui c'est un supplice d'avoir des enfants autour d'eux ; ce sont ces individus qui,
dans la société actuelle, font des martyrs ou des
esclaves de leurs enfants, forcés qu'ils sont, de
par la loi, de les garder et de les élever ; ils font
payer à ces petits êtres les désagréments d'une
mauvaise organisanisation sociale. Il y a d'autres individus, au contraire pour qui c'est
un bonheur d'avoir de ces petis êtres à dorlot-
ter, à choyer. C'est une joie pour eux sans égale
que de les guider dans leurs premiers pas, de
leur faire dire les premiers mots. Combien
en voit on qui se font instituteurs, principalement la femme, malgré tous les dégoûts
que ce métier occasionne actuellement, portés
qu'ils sont à cela par leur seul amour de l'enfance. Combien d'autres ne peuvent développer
ce sentiment par suite des difficultés économiques qu'entraine la mauvaise organisation sociale actuelle.

Or, rien n'empêche de supposer que, dans la
société nouvelle, ces individus pourront se
grouper et s'entendre en vue de donner leurs
soins, en les prenant à leur charge, aux enfants
de ceux pour qui ça serait une contrainte. En
envisageant la question dans ce sens, elle se
résout d'elle même, sans difficultés et l'on n'a
pas besoin de recourir à l'intervention sociale
dour l'élucider. Chacun se partage la besogne
à son gré et y trouve sa satisfaction personnelle

puisqu'il la choisit au mieux de ses tendances et de ses aptitudes.

On a souvent élevé cette objection : « Si la société ne s'empare pas de l'enfant, laissant les parents libres de l'élever à leur guise, et s'ils n'ont qu'un cerveau étroit ou peu développé, l'enfant court le risque de ne pas avoir tous les soins, qu'exige son complet développement. Ceux qui l'auront entre les mains lui inculqueront les préjugés dont eux-mêmes seront remplis. Il peut se faire encore, par exemple, qu'une mère, aveuglée par l'amour maternel, veuille à toute force élever son enfant, quand il pourrait être démontré que son état de santé ne lui permet pas de le faire. »

Nous allons prendre une à une ces diverses objections et nous tâcherons de démontrer que le simple exercice de la liberté applanira les difficultés mieux que l'autorité, qui, elle, ne peut qu'aggraver la situation. Pour la dernière objection, il ne nous sera pas difficile de le prouver. Si, en se basant sur les lois naturelles, il est quelqu'un qui puisse, avec quelque raison, arguer de ses droits sur l'enfant, ce serait assurément la mère. Plus que la société, plus que n'importe qui, elle pourrait faire valoir ses droits, puisque c'est elle qui met l'enfant au monde, elle, qui peut lui donner les soins et l'a-

limentation nécessaires à maintenir cette vie
qu'elle a donnée. Or, si c te mère voulait faire
valoir ces droits, comment pourrait-on lui retirer l'enfant sans faire acte d'autorité, par
conséquent d'arbitraire ? Nous avons vu plus
haut qu'en Anarchie, il n'y a pas d'organisation
qui puisse se substituer à la société, il serait
donc déjà impossible de se réclamer de la société pour enlever à la mère son enfant ; on ne
pourrait le faire qu'en faussant l'idée anarchiste
et créant l'autorité que l'on prétend détruire.
Car l'idée anarchiste n'admet pas d'équivoque :
ou la Liberté entière, ou bien une chute nouvelle
sous l'Autorité.

Par la liberté complète nous verrons la situation se dénouer toute seule. Même dans la société actuelle, malgré toutes les difficulés et les
mauvaises conditions d'existence qui entravent
les individus dans leur évolution, les mères ne
font aucune difficulté de remettre leurs enfants
à une nourrice pour des motifs moins graves
que la santé de l'enfant, soit pour pouvoir travailler, quand elles sont ouvrières, soit pour
être libres d'aller au bal et en soirées quand ce
sont des bourgeoises. Comment veut-on que
dans la société future, une mère se refuse à ce
qui lui sera démontré être la santé et la vie de
son enfant, et cela quand toutes les facilités se
trouveront à la libre disposition des individus?
D'abord, plus de ces soins mercenaires d'au

jourd'hui ! Celles qui se livreront à l'éducation des enfants, le feront par goût, par vocation et non pour gagner de l'argent ; par conséquent, le sentiment qui les aura portées à s'occuper de l'enfant, sera la meilleure garantie que l'on puisse désirer pour le bien-être du nouveau-né : elles s'ingénieront à trouver toutes sortes de prévenances et de raffinements pour distraire les enfants livrés à leurs soins et aider à leur développement.

Puis il n'est pas prouvé que l'allaitement de l'enfant par la femme soit une condition *sine quâ non* de santé pour l'enfant ; nous savons bien que certains médecins ont prétendu que pour un développement normal de l'enfant, il devait être allaité par la mère, mais nous savons que certaines affirmations soi-disant scientifiques, dans la société actuelle, sont plutôt dictées par l'intérêt de classe que par la science elle-même, car tous les jours nous avons sous les yeux des enfants se développant parfaitement quoique allaités artificiellement. Ce serait encore mieux dans la société nouvelle, où tous les produits ne seraient plus sophistiqués par des trafiquants assoiffés de gain, comme ils le sont actuellement, et où l'on pourra approprier la nourriture des animaux que l'on aura choisi pour l'allaitement des enfants dont les mères n'auront pas voulu se séparer. Ensuite un changement de climat serait-il reconnu nécessaire, les individus pourront se transporter à l'endroit choisi sans être arrêtés par les difficultés pécuniaires de la société actuelle et assurés qu'ils seront, de retrouver pour l'existence les mêmes facilités qu'ils auront laissées.

———

Nous venons de voir que le sentiment qui poussait les individus à s'occuper de l'enfant était une garantie pour ceux-ci et que les individus auraient, dans la société nouvelle, tous les avantages nécessaires pour satisfaire et développer ce sentiment, il nous reste à réfuter l'objection de ceux qui ont peur que les parents bornés ne cherchent à rétrécir le cerveau de leur progéniture; là encore, les craintes ne sont pas sérieuses. Qu'est-ce qui retient les parents d'envoyer leurs enfants à l'école? Toujours, sous diverses formes, la question d'argent, et encore, malgré toutes les difficultés qui existent, le nombre des illettrés s'amoindrit tous les jours. Comment veut-on que dans la société nouvelle, les parents, quand ils ne seront plus tenus par cette question, tiennent à faire des ignorants de leurs enfants, lorsque, au contraire, toutes les facilités voulues seront à la disposition des individus pour leur développement physique et intellectuel.

Dans ce qui précède, nous croyons avoir démontré qu'il serait contraire aux principes de l'Anarchie de confier l'éducation de l'enfance à une organisation centralisée ; il nous reste à démontrer que cela serait également contraire au développement intégral de l'enfant lui-même. En effet, on sait que chacun de nous vient au monde avec des aptitudes diverses et différentes les unes des autres, et que ces aptitudes ne se développent qu'autant que nous trouvons de facilité à les exercer. Or, étant donné ces diversités de tempéraments et de caractères, il est évident que ce serait vouloir étouffer ces aptitudes que de soumettre l'enfance à un même régime d'éducation. Nous avons déjà sous les yeux, dans la société actuelle, un échantillon de ce que cette manière de faire peut produire ; il faut donc que ceux qui s'adonnent à l'éducation des enfants, étudient leur caractère, leurs tendances, de manière à pouvoir développer chez eux les aptitudes qui pourront s'y manifester au lieu de les étouffer inconsciemment par un régime arbitraire et unique. Bien plus, nous dirons qu'il est nécessaire, pour le libre développement de l'humanité, que l'éducation de l'enfance soit laissée aux aptitudes individuelles. Qui est-ce qui a contribué à fausser le jugement de l'homme ? Qui est-ce qui a contribué à maintenir dans son cerveau tous les préjugés, toutes

les bêtises dont il a tant de mal à se débarrasser
Qui est-ce, si ce n'est la centralisation de l'é-
ducation qui ne lui a jamais été donnée que par
e canal de l'Etat ou de l'Eglise, et que ne pouvait combattre efficacement celle reçue dans la
famille, puisque les parents avaient reçu les
mêmes préjugés, avaient été bercés des mêmes
sornettes. Si, dans la société nouvelle, l'éducation de l'enfance venait à se centraliser dans
les mêmes mains, le danger serait aussi grand
que dans la société actuelle. Si ceux qui se
chargeraient de cette éducation étaient parvenus à se débarrasser des préjugés dont nous
sommes tous nourris, cela pourrait aller, mais
si, comme il est plus que probable, ils étaient
encore sous l'influence ce ces préjugés ce serait une grande entrave au progrès.

Quand même, après suppression d'Eglise et
d'Etat, il plairait à certains individus de faire
des crétins de leurs enfants, nous pensons
que cela leur serait rendu tout à fait impossible.
D'abord, le besoin de savoir, de connaître est
inné chez l'homme ; or, comme il est présuma-
ble, certain même, que des groupes se formeront dans la société nouvelle, en vue de faciliter aux contractants l'étude de certaines connaissances spéciales, et comme il se sera formé de ces groupes pour chacune des connaissances humaines, on voit d'ici le mouvement
intellectuel, l'échange d'idées qui s'opérera.

D'ailleurs, les rapports étant beaucoup plus étendus et beaucoup plus empreints de fraternité que dans la société actuelle basée, qu'elle est, sur l'antagonisme des intérêts, il s'ensuit que l'enfant, par ce qu'il verra se passer sous ses yeux, par ce qu'il entendra journellement, échappera à l'influence des parents et trouvera toutes les facilités requises pour acquérir les connaissances que ses parents lui refuseraient bien plus, si se trouvant trop malheureux sous la domination qu'ils voudraient lui imposer, il les abandonnait pour aller se mettre sous la protection des individus avec lesquels il sympathiserait mieux, les parents ne pourraient mettre à ses trousses les gendarmes pour ramener sous leur domination l'esclave que maintenant leur accorde la loi.

On nous objectera peut-être que cependant, malgré tout, il peut se trouver des exceptions qui, profitant de l'absence de règle, pourraient déformer le cerveau des enfants qu'ils auraient. Nous répondrons que la suppression de l'autorité n'empêchera certainement pas l'exercice de la solidarité. A nous de combattre par notre propagande d'instruction les absurdités de quelques parents idiots. Ce n'est pas parce qu'il plairait à une demi-douzaine d'abrutis d'aller à rebours du sens commun qu'il faudrait entraver le reste de l'humanité dans

le réseau d'une législation qui serait anti-
libertaire, par le fait qu'elle serait la LOI.

***

XI

LA RÉVOLUTION ET LE DARWINISME

—

On sait que les partisans de la doctrine de
Darwin, et principalement ses commentateurs
français, ont prétendu tirer des théories sur «l'é-
volution» du célèbre naturaliste anglais, un argument en faveur de l'organisation sociale actuelle. En s'emparant de ses théories sur « la
lutte pour l'existence », ils ont prétendu qu'il
était tout naturel que la société soit divisée en
deux classes: les jouisseurs et les producteurs;
que, vu les difficultés de l'existence, il y a lutte
et, par conséquent, des vaincus et des vainqueurs; que, toujours par suite de cette lutte,
il est inévitable que les vaincus soient asser-
vis aux vainqueurs et employés à produire
pour augmenter les jouissances de ces derniers;
que cela peut être regrettable, mais que les
conditions de l'existence sont telles, les vivres
étant trop restreints pour arriver à satisfaire
les besoins de tous. C'est une loi naturelle,

disent-ils, qu'il n'y ait que ce petit nombre d'élus auxquels est réservée la satisfaction intégrale de leurs besoins, et que ce petit nombre d'élus, par le fait seul qu'ils sont les vainqueurs, se trouvent être les plus aptes, les plus forts et les mieux doués.

Certes, ajoutent-ils, « il est regrettable que tant de victimes disparaissent dans la lutte; sans doute, la société aurait besoin de réformes mais cela doit-être le produit du temps et ne peut être que le résultat de l'évolution humaine. A ceux qui se sentent assez forts ou assez intelligents de chercher à faire leur trou et à s'imposer à la société ! Mais, du reste, cet antagonisme fut toujours et continue d'être une des causes des progrès humains !

Malthus ne craignait pas d'écrire ces lignes, qui ont été citées bien des fois : « Un homme qui naît dans un monde déjà occupé, si sa famille n'a pas le moyen de le nourrir, ou, si la société n'a pas besoin de son travail, cet homme dis-je n'a pas le moindre droit à réclamer une portion quelconque de nourriture, il est réellement de trop sur la terre. Au grand banquet de la nature, il n'y a point de couvert mis pour lui. La nature lui commande de s'en aller et elle ne tarde pas à mettre elle-même cet ordre à exécution..... Lorsque la nature se charge de gouverner et de punir, ce serait une ambition bien méprisable de prétendre lui arracher le sceptre des mains. Que cet homme soit donc livré au châtiment que la nature lui inflige pour le punir de son indigence ! ! ! Il faut lui appren-.re que les lois de la nature le condamnent, lui et sa famille, aux souffrances et que si lui et sa famille sont préservés de mourir de faim, ils ne le doivent qu'à quelque bienfaiteur compatissant, qui, en les secourant, désobéit aux lois de la nature ! ! ! ! (Malthus, *Essai sur la population*).

On le voit dans ces lignes, l'égoïsme bourgeois s'étale dans toute sa splendeur.

Travailleurs, qui crevez de faim sur vos vieux jours, alors que vous avez usé vos forces à produire les richesses qui augmentent la somme de jouissances de vos exploiteurs, c'est un crime d'être venu au monde dans l'indigence, et trouvez-vous encore bien satisfaits que des *protecteurs compatissants* aient bien voulu employer vos services qui faisaient produire leurs capitaux dont ils n'auraient su que faire sans vous, quand ils ne vous donnaient en échange que de quoi ne pas mourir de faim.

Voici ce que de son côté, écrit un autre bourgeois :

« Le Darwinisme est tout, plutôt que socialiste... Si l'on veut lui attribuer une tendance politique, cette tendance ne saurait être qu'aristocratique, la théorie de la sélection n'enseigne-t-elle pas que, dans la vie de l'humanité comme dans celle des plantes et des animaux, — partout et toujours une faible minorité privilégiée parvient seule à vivre et à se développer, l'immense majorité, au contraire, pâtit et succombe plus ou moins prématurément. La cruelle lutte pour l'existence sévit partout. Seul le petit nombre élu, des plus forts où des plus aptes, est en état de soutenir victorieusement cette concurrence.

« La grande majorité des concurrents malheureux doit nécessairement périr. La sélection des élus est liée à la défaite ou à la perte du grand nombre des êtres qui ont survécu... » Haeckel.

Ce coup-ci, travailleurs, on ne vous l'envoie pas dire, le développement de la bourgeoisie entraîne fatalement la perte du prolétariat, chaque jouissance nouvelle, apportée par la science à la bourgeoisie, correspond à une souffrance nouvelle pour les travailleurs. Pour que l'existence de la bourgeoisie soit assurée, il faut qu'elle ait rivé définitivement le proléta-sous le joug où elle le tient courbé ; ce n'est pas nous qui le lui faisons dire, c'est M. Haeckel, un bourgeois, qui doit le savoir puisqu'il a étudié pour cela.

Seulement où nous nous révoltons, c'est devant cette prétention des bourgeois de se croire les meilleurs, eux dont la seule supériorité consiste dans les billets de banque dont messieurs leurs papas ont eu soin de rembourrer leurs berceaux, eux qu'un siècle, à peine, de pouvoir a suffi à abêtir. Vraiment quand on compare nos « grands hommes » d'aujourd'hui avec les encyclopédistes, avec les géants de 8°, on en est à douter qu'ils en soient bien les descendants. Quand, surtout des hommes d'un savoir supérieur comme ceux que nous venons de citer, eux qui ont tous les moyens de développement dont sont privés les travailleurs, en arrivent à tirer des données scientifiques mises à leur disposition et que leur éducation leur permet d'analyser, des conclusions pareilles, nous sommes en droit de nous demander quel est le degré de développement qu'ils auraient atteint s'ils avaient été privés des moyens matériels qui leur ont permis d'étudier.

Vous vous dites les meilleurs, mais pour quelques-uns qui profitent réellement de ces moyens de développement que leur procure la richesse ou la position sociale, combien dont l'intelligence reste véritablement inférieure?

Combien, parmi les travailleurs qui succombe à la peine, exténués par un travail sans relâche et qui pourtant, comme Théniers marchant à l'échafaud, auraient le droit de dire en se frappant le front : « Pourtant, il y a quelque chose là ! »

Appartenant à une classe dont l'émancipation n'a été rendue possible qu'à l'aide de la force, nous allons nous emparer des arguments fournis par les savants officiels eux-mêmes, pour appuyer nos revendications et essayer de démontrer en même temps que l'organisation actuelle loin de favoriser les plus aptes et les mieux doués, ne réserve, au contraire, ses jouissances que pour une classe épuisée et avachie, et que cette pénurie de vivres qu'ils prétendent exister, n'existe que dans leur imagination ; que si la lutte pour l'existence a été une des causes du progrès de l'évolution humaine, il ne doit plus en être ainsi aujourd'hui ; ensuite que la science et la raison s'accordent pour nier la suprématie que prétendent s'arroger certaines classes ou certains individus, sur le restant de l'humanité, même lorsqu'ils disent s'appuyer sur le nombre.

———

Les bourgeois qui veulent à tout prix étayer sur la science l'exploitation qu'ils font subir aux travailleurs se sont jetés sur cette théorie de la « Lutte pour l'existence » en démontrant — à ce qu'ils croyaient du moins, — qu'elle a causé tous les progrès humains en forçant les individus à tenir leurs facultés en éveil pour arriver à la satisfaction de leurs besoins; en les développant par les nécessités de la lutte; en faisant pour ainsi dire aux races une loi de progresser toujours, sous peine de disparaître. Et, d'après eux, il doit continuer à en être ainsi, car, si les individus se trouvaient placés dans un état où ils pourraient être assurés de la satisfaction de leurs besoins et où ils seraient tous égaux, il n'y aurait plus d'émulation, partant plus d'initiative; une société pareille ne tarderait pas à tomber en décadence disent-ils, tandis que dans la société actuelle, les individus en étant forcés de lutter, pour arriver à vivre se trouvaient forcés de développer une somme d'aptitudes et d'intelligence qui concourait d'autant à la marche en avant de l'humanité, et que c'était de cette manière que la victoire se trouvait réservée aux plus aptes, aux plus forts et aux plus intelligents.

Pour combattre ces prétentions bourgeoises, nous n'aurons qu'à citer parmi les bourgeois eux-mêmes:

« .....Un grand inconvénient de la guerre so-

ciale comparée à la guerre simplement naturelle, c'est que les influences de la loi naturelle
étant plus ou moins entravées par la volonté et les
institutions humaines ce *n'est pas toujours* le
meilleur, le plus robuste, le mieux adapté qui
a chance de triompher de son concurrent. *Au
contraire*, ce serait plutôt la grandeur individuelle de l'esprit qui serait habituellement sa-
crifiée à des préférences personnelles inspi-
rées par la *position sociale, la race, la richesse.*
(Buchner, l'Homme selon la Science, pages
207 et 208.)

De m... , la lutte, au lieu d'être le produit
des inégalités naturelles en serait au contraire
la cause; voici ce que dit le même : « Toutes
ces inégalités, ces monstruosités, il faut, comme nous l'avons dit, les attribuer à la lutte sociale pour vivre, lutte *non encore réglée par la
raison et la justice et particulièrement maintenue par
les nombreux actes d'oppression politique, de violence, de spoliation, de conquêtes, qui remplissent l'histoire du passé et semblent aux yeux de l'esprit mal
éclairé des contemporains*, une inévitable conséquence du mouvement social. » (Buchner,
l'Homme selon la Science, page 222.)

Certes, il a pu se faire que dans ces temps
reculés, où l'homme confondu avec le restant
de l'animalité, ne possédant pour toute arme
que ses instincts : le besoin de vivre et de se re-

produire, un cerveau rudimentaire où s'impri-
maient bien lentement chaque progrès acquis,
chaque adaptation nouvelle, il a pu se faire que
« la lutte pour l'existence » ait été une des causes de progrès; et, ce facteur du progrès trouvé,
cela nous expliquerait, au besoin, pourquoi les
premières sociétés humaines furent, dès leur
naissance, pour les plus forts, un moyen d'exploiter les plus faibles.

En effet, lorsque les premiers êtres organisés,
après une suite ininterrompue de transforma-
tions et d'adaptations successives, parurent
sur la terre, il est bien évident qu'entre tous
ces organismes sans raisonnement sans intelligence, poussés par le seul besoin de vivre et
de se reproduire, ce dût être une guerre incessante et sans pitié pour les vaincus; aussi dans
les premières associations humaines — qui
pourtant étaient déjà un essai de solidarisation
d'intérêts et d'efforts — les plus faibles furent-
ils sacrifiés aux plus forts; car l'homme qui
sortait à peine de l'animalité avait amassé en
lui par suite de cette lutte incessante contre la
nature et les autres espèces animales auxquelles il disputait sa pâture et le droit de vivre —
une forte somme héréditaire d'instincts de
lutte et de domination que, lors même qu'il

comprit les bienfaits de l'association, les plus intelligents s'en servirent pour dominer les plus faibles et s'établir en parasites sur cet organisme nouveau: LA SOCIÉTÉ.

Mais, aujourd'hui que l'homme est un être conscient, aujourd'hui que l'homme compare et raisonne et que, pour transmettre à ses descendants ses connaissances et ses découvertes il possède un langage, parlé et écrit, doit-il continuer à en être ainsi? Evidemment non, et la nature offre assez de difficultés par elle-même pour que l'humanité entière n'ait pas de trop de toutes ses forces dirigées contre les difficultés naturelles et puisse y trouver les éléments d'une lutte plus avantageuses sans avoir besoin de se déchirer elle-même.

Aussi, lorsque les bourgeois viennent nous parler de progrès, des droits de la société, etc., nous n'aurions qu'à leur rire au nez en leur répliquant par les droits de l'individu qui, lui, se soucie fort peu du progrès s'il doit continuer à en être victime; mais nous verrons plus loin qu'une société où l'homme serait assuré de la satisfaction de tous ses besoins, loin d'être une entrave au progrès, lui viendrait au contraire en aide, car la nature de l'homme est de se créer des besoins au fur et à mesure de la facilité qu'il trouve à les satisfaire. Nous allons voir que la société actuelle, loin de réserver ses jouissances aux plus intelligents, ne les réserve, au contraire, qu'à une classe dégénérée et avachie.

Tant que la bourgeoisie a eu à lutter contre la noblesse, tant qu'elle a eu à combattre pour conquérir sa place au soleil, peut-être a-t-elle pu développer certaines qualités qui lui ont permis d'arriver à ce qu'elle voulait, et d'acquérir ce pouvoir, but suprême de ses convoitises, mais une fois arrivé à ce but, il lui arriva ce qui arrive dans le règne animal à tous les parasites, notamment aux crustacés, qui vivent sur le dos de certains mollusques et dont les larves sont plus développées que l'animal parfait : une fois installé sur le dos de son hôte, il perd tous ses moyens de locomotion pour développer des tentacules qui ne lui servent qu'à s'attacher à celui qu'il exploite et à en tirer sa nourriture ; ainsi après avoir été un animal agissant, luttant, il perd toutes ses facultés pour se transformer en un simple sac digestif. Tel est l'état de la bourgeoisie ; car ce qui fait la force dans la société actuelle ce ne sont ni les facultés physiques, ni les facultés intellectuelles, c'est tout simplement l'argent. On peut être scrofuleux, rachitique, idiot, difforme au physique et au moral, si on a de l'argent on arrive a tout et on est sûr de trouver femme pour faire souche d'une lignée qui vous ressemble ; tandis que le travailleur lui, serait-il né avec un cerveau d'une capacité sans mesure, cela ne lui servira de rien si ses parents n'ont pas eu de l'argent pour lui donner l'instruction nécessaire à son développement.

Serait-il né avec tous les avantages physiques voulus, un travail prématuré, les privations et la misère le briseront avant l'âge, et si par hasard il a trouvé quelque malheureuse qui ait consenti à lier son sort au sien, ce ne sera que pour donner naissance à des êtres chétifs et malingres ; car bien souvent, pour compléter la somme nécessaire à l'accouchement, la femme aura été forcée de travailler jusqu'au dernier jour, presque toujours dans des conditions défavorables et malsaines.

Le service militaire lui-même n'est-il pas une sélection à rebours puisque l'on prend les hommes les plus forts, les plus sains, pour les condamner au célibat et les envoyer pourrir dans les villes de garnison, tandis que les malades restent chez eux et se marient.

Enfin la bourgeoisie en est arrivée aujourd'hui à un tel degré d'avachissement, que, si elle était appelée à triompher dans la lutte que lui livrent les travailleurs elle aurait très peu à faire pour arriver à l'état de cette fourmi (for-

mica rubescens) qui, à force de se reposer du soin de tout travail sur les esclaves de la fourmillière, est devenue « instinctivement si aristocratique», qu'elle *ne peut plus* manger seule et meurt de faim quand elle n'a plus de serviteurs pour lui donner la becquée.

Par le peu qui précède, on voit que la liberté de la «lutte pour l'existence » dont se réclament les bourgeois n'est qu'une liberté illusoire, et que ce combat pour l'existence, qu'ils voudraient voir se perpétuer entre nous, n'est que l'image de ces combats que l'aristocratie romaine se payait dans ses orgies sanglantes, où des chevaliers, armés de toutes pièces, descendaient dans l'arène, se mesurer contre de pauvres esclaves nus, armés d'un sabre de fer blanc ; de plus, comme nous l'avons dit, leur société loin de réserver ses jouissances aux plus intelligents, aux plus forts ne les assure au contraire qu'à une classe dégénérée et affaiblie, ou appelée à s'amoindrir, puisque l'état idéal de ces élus sera, une fois arrivés au sommet, de s'avachir dans l'inactivité !

Aussi lorsque la bourgeoisie vient nous dire que la vie est un éternel combat où les faibles sont destinés à disparaître pour faire place aux plus forts, nous lui répondrons : « Nous acceptons vos conclusions. La victoire est aux plus forts et aux mieux organisés, » dites-vous ! Eh bien soit, nous, travailleurs, nous prétendons à la victoire. Votre force consiste dans le respect que vous avez su élever autour de vos privilèges, votre force est dans les institutions que vous avez dressées comme un rempart entre vous et la masse, votre seule force enfin est dans l'ignorance où, jusqu'à présent, vous nous avez tenu de nos véritables intérêts et dans votre habileté à amener ceux des nôtres à défendre vos privilèges sous les noms trompeurs de « patrie, propriété individuelle, morale, religion, » etc. Eh bien, aujourd'hui que nous parvenons à voir clair dans votre habileté, que nous commençons à comprendre que notre intérêt est tout opposé au vôtre, nous voyons que vos institutions, loin de nous protéger, ne servent qu'à nous enserrer dans notre misère. A bas les préjugés bêtes, à bas le respect idiot; nous sommes les plus forts, puisque depuis une suite innombrable de siècles nous luttons avec la faim et la misère sous un travail éreintant, et pourtant nous sommes encore debout et vivaces, tandis qu'un siècle à peine de pouvoir a suffi à vous faire dégénérer; nous prétendons à la victoire parce que nous sommes les plus aptes, puisque toute votre organisation sociale retombe sur nous, étant les seuls à produire: nous prétendons à la victoire, parce que nous sommes les mieux adaptés et les mieux organisés; car du jour au lendemain, vous pourriez disparaître sans que cela nous empêchât de produire (nous n'en consommerions que davantage); tandis que du jour où nous refuserons de produire, il vous sera impossible de vous suffire à vous même; nous prétendons enfin à la victoire parceque nous sommes les plus nombreux, ce qui, toujours selon vous, suffit à légitimer toutes les audaces. Au jour de la bataille nous serions en droit de vous appliquer votre sentence en vous faisant disparaître de la société dont vous n'êtes que les parasites. »

Vous l'avez dit vous même: « La victoire est aux plus forts. »

———o⊕o———

XII

LA LUTTE CONTRE LA NATURE

Comme on le voit, sans avoir à rechercher d'autres arguments en faveur du droit à la révolte, que nous proclamons bien haut, nous n'aurions qu'à nous saisir de ceux que la bourgeoisie elle-même nous fournit et, avec les théories bourgeoises, saper les bases de l'ordre social qu'elles ont la prétention de consolider; mais nous avons des vues plus larges. Au lieu d'envisager la société humaine comme un vaste champ de bataille où la victoire appartient aux appétits les plus larges, nous pensons au contraire que tous les efforts de l'homme doivent s'unir pour se tourner contre la nature seule qui présente à l'homme assez de mystères, assez de difficultés pour lui fournir les éléments d'un combat long et acharné, pour lequel il n'aura pas de trop de toutes ses forces.

Que de forces perdues, que d'existences sacrifiées, soit dans le dur combat de la vie, soit dans les guerres stupides, que d'intelligences déployées qui, dans un autre milieu, tourneraient au profit et à l'amélioration du bien-être de l'humanité! Si tous ces hommes qui s'abrutissent et s'énervent dans la vie des camps et des casernes, s'employaient à des travaux d'assainissement, ou à d'autres travaux utiles, tel que la construction des canaux, percement de montagnes, etc., etc., ne voit-on pas quel immense avantage en retirerait l'humanité, sans compter celui de voir ces hommes porter leur quote-part à l'œuvre commune, au lieu de vivre en parasites sur l'humanité.

Si toutes les forces qui sont dépensées pour produire ces armes de guerre, ces engins destructeurs étaient occupées à produire des machines et des outils utiles à la production, combien seraient réduites les heures de travail que chacun aurait à fournir à la société. Si tous les efforts des inventeurs qui s'acharnent à découvrir des cuirasses et des blindages pour des navires que leur poids empêche de marcher — et que demain la création d'un nouveau canon et d'un nouveau système de torpille rendra inutiles — étaient tournés à la création de nouvelles machines propres à abréger le travail, ou à triompher de la nature, que de progrès s'accompliraient qui, aujourd'hui encore, nous semblent à l'état de rêve.

Dans la société que nous voulons, tous ces progrès, toutes ces découvertes seraient à l'avantage des producteurs, puisque dans cette société il n'y aurait que des travailleurs, tandis qu'actuellement, quand une découverte de ce genre voit le jour, elle n'apporte qu'un surcroît de charges et de misères pour eux, en prenant leur place dans l'atelier, en les rejetant sans ressources sur le pavé, tandis que les patrons accroissent leur capital de la différence de main d'œuvre qu'elle leur permet de réaliser.

Puis, à quoi bon continuer à s'entre-déchirer de nation à nation, de race à race? La terre n'est-elle pas assez vaste pour nourrir tout le monde? Certains bourgeois le nient.

———

Pour justifier cette pénurie de vivres qu'ils prétendent exister, nos savants à courte-vue ont établi (dans leurs livres) — nous ne savons sur quelles bases — des calculs d'où il s'ensuivrait, d'après eux, que les objets de consommation augmenteraient dans une proportion arithmétique de 2, 4, 6, 8, etc., tandis que la population augmenterait dans une proportion géométrique de 2, 4, 8, 16, etc.; de sorte, que si on laissait les choses continuer ainsi, les vivres viendraient à manquer complètement et les hommes se verraient forcés de revenir à l'anthropophagie d'où ils sont sortis; heureusement, disent-ils, l'organisation sociale intervient avec tout son cortège de fraudes, de guerres, et de maladies occasionnées par un travail sans trêves et une nourriture insuffisante pour rationner les hommes, les décimer et les empêcher de se manger entre eux, en les faisant crever de misère et de faim.

Or, rien de plus faux que ce calcul, car, à

part toutes les terres incultes que l'on pourrait rendre productives, il est démontré que la culture morcelée empêche de faire rendre à la terre tout ce qu'il serait possible de lui faire rendre par l'exploitation en grand, les machines à vapeur et les engrais chimiques. Nous citerons à ce sujet l'Amérique avec ses plaines immenses dont les terres fouillées par les charrues à vapeur, et d'ailleurs exploitées sans aucune science, rendent tellement plus que nos champs français, avec beaucoup moins de travail, qu'il n'est déjà plus possible à l'agriculture française de soutenir la concurrence. Nous citerons encore les troupeaux innombrables de l'Amérique du Sud, sacrifiés rien que pour les cuirs, et dont la viande est perdue, non pas à cause du manque de débouchés, mais parce que l'abaissement du prix causé par l'importation porterait préjudice aux intérêts de quelques individus qui, dans nos contrées élèvent le bétail pour nous le vendre le plus cher possible *(1)*.

L'étude de l'histoire naturelle vient nous dé-

---

(1). — Voir *les Produits de la Terre*, *les Produits de l'Industrie* et *Richesse et Misère*, publiées par *La Révolte*.

montrer que la puissance prolifique des espèces est en sens inverse de leur degré de développement; c'est-à-dire que plus les espèces
sont bas dans l'échelle sociale, plus elles se
multiplient pour combler les vides occasionnés
par la guerre que leur font les espèces supérieures; de sorte, que l'homme qui est parvenu à réduire et à domestiquer la plupart des
espèces utiles à son alimentation, est toujours
assuré de pourvoir à ses besoins, en en dirigeant la reproduction selon les besoins de sa
consommation.

Comme on le voit, rien de plus facile que de
réfuter les théories des savants bourgeois rien
que par leurs propres arguments. Ainsi quand
ils viennent vous dire « qu'une société égalitaire ne peut exister, parce qu'il existe des inégalités cérébrales; l'homme intelligent étant
naturellement au-dessus de celui qui ne l'est
pas, que du reste l'homme intelligent ne peut
être l'égal de la brute, qu'il faut que les intelligences supérieures soient à même de trouver
une plus grande somme de jouissances puisque,
par leurs travaux, elles donnent davantage à la
société. » Nous pourrions répondre hardiment
que c'est encore là une erreur, car au point d

vue purement philosophique, ce n'est pas l'humanité qui doit à l'homme intelligent, mais l'homme intelligent qui doit à l'humanité, par le seul fait qu'il s'est accaparé une plus grande quantité de matière cérébrale, et que s'il a pu développer son cerveau ce n'est qu'en puisant dans le stock des connaissances et découvertes, fruit du travail des générations passées. Par conséquent, plus la société l'a mis à même de se développer, plus il lui est redevable. Mais ceci n'est dit qu'en passant, car en nous plaçant au point de vue brutal du fait, nous verrons que l'homme trouve sa récompense dans son intelligence même et les jouissances que lui procurent les travaux qu'elle lui fait entreprendre. En effet, plus il est intelligent plus il a de facilité à satisfaire ses besoins ; car, par le fait de son intelligence, il se crée des besoins intellectuels, insaisissables pour ceux que l'on appelle les inintelligents, et qui, par conséquent, ne lui sont pas disputés.

———

Puis de quel droit un homme, parce qu'il serait plus intelligent qu'un autre, viendrait-il lui dicter des lois ? Malgré toute son intelligence, l'homme soi-disant supérieur a tous les défauts, ou tout au moins une partie des défauts inhérents à la nature humaine; il n'y a pas d'êtres parfaits et tel qui raisonnera supérieurement dans les sciences les plus abstraites, fera souvent bien petite figure dans les choses les plus ordinaires de la vie, les savants eux-mêmes ne font aucune difficulté pour en convenir :

« De même, chez certains savants le développement intellectuel a éteint toute vie affective. Pour eux, il n'y a plus ni ami ni famille, ni patrie, ni humanité, ni *dignité morale, ni sentiment du juste*. Indifférents à tout ce qui se passe en dehors du domaine intellectuel où ils se débattent, où ils jouissent, *les plus grandes iniquités, sociales ne troublent pas leur quiétude*. Que leur importe la tyrannie, pourvu qu'elle respecte les bocaux, les cornues de leur laboratoire ! Aussi les voit-on choyés, caressés par les plus avisés des despotes, Ce sont des êtres de luxe dont l'existence et la présence honorent le maître, *servent de passe-port à ses mauvaises actions et ne sauraient d'ailleurs le gêner en rien.* » (Létourneau, physiologie des Passions, page 108).

Du reste on ne fait pas le bonheur des individus malgré eux. Chacun a sa conception de bonheur qui lui est propre, chacun l'envisage à sa manière, selon son tempéramen t, selon le degré de développement auquel il est arrivé;

Il n'y par conséquent pas de règle unique sur le bonheur des individus, il ne reste donc qu'à laisser chacun s'arranger à sa manière. Que l'on brise toutes les institutions qui pourraient servir l'ambition des individus ; que l'on fasse que le bonheur de chacun découle du bien-être général, et alors les individus n'ayant plus à peser les uns sur les autres, puisque personne ne viendra peser sur eux, et qu'ensuite celui que l'on voudra opprimer se trouvera en situation d'envoyer promener celui qui voudrait peser sur lui, alors chacun ne cherchera qu'à s'arranger au mieux de ses tendances, en s'associant à ceux qui lui seront sympathiques ou qui auront la même manière de voir, et comme tous ces individus ne seront retenus par aucun règlement, qu'ils ne seront là que par leur propre volonté, parce qu'ils auront choisi le milieu dans lequel ils évoluent et qu'ils seront libres d'en sortir quand il ne répondra plus à leur manière de voir, l'entente leur sera facile.

***

Comme on le voit, loin de retourner a l'état de nature, comme on nous en a accusés, nous comprenons au contraire, qu'il n'y a que l'état d'association qui puisse permettre d'utiliser toutes les inventions et découvertes mises par la science à la disposition de l'homme, et qui doivent lui permettre d'obtenir une plus grande somme de jouissances en échange d'une dépense moindre de forces ; seulement, si la science nous démontre cela, elle nous démontre aussi qu'il ne peut y avoir d'association durable qu'entre des éléments possédant les mêmes affinités, le même caractère ou des propriétés semblables.

Aussi loin d'envisager la société comme un vaste champ de bataille où la victoire appartient aux appétits les plus larges et où tant d'intelligences se perdent, parce que l'organisation sociale ne leur a pas permis de se développer, nous pensons que l'homme doit laisser de côté ces guerres meurtrières et stupides qu'ils se font sous des prétextes creux et vides de sens, de Patrie, etc., où ils dépensent tant de forces mal dirigées, et qu'ils doivent au contraire s'unir pour faire la guerre, oui, mais la guerre contre la nature, afin d'en tirer toute la somme de jouissances possible. Nous ne saurions mieux terminer qu'en citant ce passage d'un savant qui, lui, ne saurait être suspect de révolutionnarisme ; il est vrai que nous écartons le sentimentalisme qui le guide :

« Aujourd'hui le plus fort, le plus riche, le plus

haut placé, le plus savant exercent un empire presque absolu sur le faible, sur l'ignorant, sur l'homme des classes inférieures, et il leur semble tout naturel d'épuiser à leur profit personnel les forces de ces derniers. La société entière doit nécessairement souffrir d'un tel état de choses ; elle doit comprendre qu'il vaudrait mieux voir tous les individus *concertant leurs efforts, se soutenant l'un l'autre,* tendre au même but, c'est-à-dire *secouer le joug des forces naturelles,* au lieu d'user le plus clair de leur vigueur à s'entredéchirer, à s'exploiter mutuellement. La rivalité, si utile en soi, doit subsister, mais en dépouillant l'antique et rude forme guerrière et exterminatrice de la lutte pour vivre, en revêtant la forme ennoblie mais vraiment humaine d'une concurrence ayant pour but l'intérêt général. En d'autres termes, *au lieu de la lutte pour vivre, la lutte pour la vie en général*, l'harmonie générale ; au lieu de l'universelle haine, l'amour universel ! A mesure que l'homme progresse dans cette voie, il s'éloigne davantage de son passé bestial, de sa subordination aux forces naturelles et à leurs inexorables lois, pour se rapprocher du développement idéal de l'umanité. Dans cette voie aussi l'homme retrouvera ce paradis dont la vision flottait dans l'imagination des plus anciens peuples, ce paradis, que, suivant la légende, le péché a ravi à l'homme ; avec cette différence toutefois, que le paradis futur n'est pas imaginaire, mais réel ; qu'il ne se trouve pas à l'origine mais à la fin de l'évolution humaine, qu'il n'est pas le don d'un dieu, mais le résultat du travail, le gain de l'homme et de l'humanité. » (Buchner, l'Homme selon la Science, pages 210 et 211.)

XIII

DE L'INDIVIDU DANS LA SOCIÉTÉ

Que la terre est un bien commun à tous, que ses produits doivent servir indistinctement à la satisfaction de tous, voilà des vérités qui sont bien encore niées par quelques-uns ou regardées comme utopiques par d'autres, mais qui sont acceptées par tous ceux qui pensent et sont parvenus à se débarrasser de quelques-uns des préjugés que leur a inculqué l'éducation malsaine qu'ils ont reçue de la société actuelle. — Ceci est donc acquis, mais une autre vérité qui a bien du mal à se faire jour, c'est ce sentiment de liberté qui existe pourtant absolu au fond du cerveau de chaque individu, mais que l'on ne veut pas comprendre, faute de se l'être encore bien défini et qui fait que tout en réclamant la liberté pour soi, on voudrait des lois pour réglementer celle de ses voisins, et par suite de ce préjugé fatal qui veut que l'individu soit esclave de la société où le hasard l'a fait naître, n'étant considéré lui-même que comme une parcelle de cette société, considérée elle, comme un être complexe devant englober l'humanité toute entière.

Voilà où gît l'erreur de tous ceux qui parlent d'humanité, de société, etc., c'est que, influencés par la situation actuelle, ils n'envisagent l'humanité que comme un tout auquel chaque individu se trouve attaché dès sa naissance et ne peut s'y soustraire sans porter atteinte aux droits de cette entité — la société — créée par eux-mêmes ; tandis que nous, anarchistes, ne considérons au contraire l'humanité que comme un vaste champ d'évolution, offrant à tous les tempéraments, à toutes les idées, à toutes les conceptions, la place et les moyens d'évoluer librement, selon leurs tendances et leur manière de voir.

C'est cette erreur signalée par nous plus haut qui, jusqu'à présent, a égaré tous les fabricants de systèmes sociaux et qui ne leur a fait envisager l'individu que comme un accessoire plus ou moins important de la société et l'ont, par conséquent, plus ou moins sacrifié à l'organisation de leur système social.

Il est évident que tout groupe qui se forme doit s'associer sur des bases convenues à l'avance, il est évident que tout individu qui rentre dans ce groupe, s'engage par cela même à en respecter les clauses du moment qu'il y rentre librement, qu'il s'engage à se conformer à sa manière de faire, *tant qu'il en fera partie.* Mais si ce groupe ne répond plus aux aspirations de l'individu, pourquoi celui-ci ne serait-il pas libre d'en sortir! Pourquoi de cette union de forces qui ne s'est faite qu'en vue de l'amélioration du bien-être des individus en résulterait-il le contraire: la perte de son individualité et de son autonomie?

Certains socialistes s'appuyant sur une opinion déjà émise par Hæckel, ont prétendu appuyer ainsi leurs idées centralisatrices: Qu'on envisage(1), disent-ils, n'importe quel

----

(1) Gabriel Deville, *l'Anarchisme.*

ordre de faits, par exemple dans des genres bien différents, soit la théorie cosmogonique tirant, au moyen d'une condensation progressive, de parties de la matière éparse et sillonnée par des courants à mouvements tourbillonnaires, les mondes sidéraux, dont les masses subissent dans une liaison mutuelle l'action des unes sur les autres; — soit le perfectionnement du système nerveux et, par conséquent, de l'intelligence, croissant avec la concentration des cellules qui se subdivisent en circonscriptions diverses d'un organe central, soit le développement linguistique allant de la succession de mots invariables et indépendants, à l'union des mots avec les éléments constitutifs de leurs relations actives ou passives, et de la modification des mots eux-mêmes suivant les rapports qu'ils affectent entre eux; — à tous les points de vue, l'évolution s'opère toujours par le passage d'une forme de plus en plus consolidée, d'un état diffus à un état concentré ; et à mesure que devient plus grande la concentration des parties, leur dépendance réciproque augmente, c'est-à-dire que, de plus en plus, elles ne peuvent étendre leur activité propre sans le secours des autres. »

A cette affirmation prétendue scientifique c'est un bourgeois qui va répondre :

« La « centralisation » dont parle M. Hæckel existe-t-elle réellement chez eux ? (les êtres pluricellulaires). Leurs cellules sont-elles divisées en cellules dominatrices et cellules obéissantes, en maîtres et en sujets ? Tous les faits que nous connaissons répondent *négativement avec la plus grande netteté.*

« Je n'insisterai pas sur l'autonomie réelle dont jouit manifestement chacune des cellules de tout organisme pluricellulaire ; ni M. Hæckel ni personne n'a en effet, nié cette autonomie, mais il est important de bien mettre en relief la nature des limites dans lesquelles elle s'exerce. Nous verrons ainsi qu'elle est beaucoup plus considérable qu'on ne l'admet généralement et que s'il est vrai que toutes les cellules dépendent les unes des autres, il est vrai aussi *qu'aucune ne commande aux autres*, et que les organismes pluricellulaire *même les plus élevés*, ne sont, *en aucune façon*, comparables à une monarchie ni *à toute autre gouvernemet autoritaire et centralisé*. » (J.-J. de Lanessan, *Le transformisme*, page 183).

Et plus loin :

« Autonomie et solidarité, ces deux mots résument les conditions d'existence des cellules de tout organisme pluricellulaires ; autonomie et solidarité, telle serait la base d'une société qui aurait été construite sur le modèle des êtres vivants (Le même, page 196).

« A tous les points de vue, nous dit-on, l'évolution s'opère toujours par le passage d'une forme incohérente à une forme de plus en plus consolidée. » Mais nous, anarchistes, nous n'avons jamais dit autre chose ; nous avons toujours dit que nous reconnaissons que, en laissant à l'autonomie individuelle la faculté de se produire, il pourrait se faire que, dès le début, les premières manifestations ne soient pas des plus logiques ; qu'il pourrait se faire en un mot, qu'il y ait gâchis dans l'établissement de l'organisation sociale nouvelle. Mais, étant donné les maux dont nous souffrons de l'autoritarisme actuel, il est préférable de passer par cet état diffus, de subir ce gâchis que d'avoir recours encore une fois à l'autorité. Laissons les individus libres, de se rechercher, laissons toutes les idées se faire jour, et nous verrons en très peu de temps tous les tâtonnements, toutes les hésitations, toutes les erreurs, tout le gâchis disparaître, pour faire place à une meilleure entente, à une meilleure organisation.

———

La société n'est pas un organisme existant

par lui-même ; son existence n'est pas indépen-
dante des individus qui la composent ; elle
n'est rien par elle-même. Détruisez les individus, il n'y a plus de société ; que l'association
se dissolve, que les individus retournent à l'é-
tat isolé, ils vivront mal, ils retourneront certainement à l'état sauvage et retomberont à
l'état bestial, mais ils pourront continuer
d'exister. Donc la société n'a de raison d'être
qu'à condition que ceux qui en font partie y
trouveront un plus grand développement de
bien-être et d'autonomie ; elle n'a qu'un but,
produire une plus grande somme de jouissances en raison d'une dépense moindre de forces.
De plus, comme les besoins sont variés, comme
les tempéraments ne sont pas les mêmes, il
s'ensuit que cet état d'association peut revêtir
des formes multiples ; innombrables peuvent
être les groupes qui se formeront certainement
du jour où la libre spontanéité des individus
pourra se donner carrière ; d'où il résulte que
c'est une erreur de faire converger les efforts
de tous vers une amélioration sociale prise en
dehors du bonheur individuel, c'est aller à contre sens.

Que l'on développe le champ d'évolution de
l'individualité et on obtiendra une bonne évolution sociale. Si l'on veut que le fonctionnement

de cette association de forces, que nous reconnaissons indispensable, ne soit pas entravé, il
faut que l'individu dans cette association ne
soit lésé dans aucune de ses aspirations, entravé dans aucun de ses mouvements. L'état social n'ayant de raison d'être, pour lui, qu'autant qu'il y trouve avantage, l'harmonie sociale ne peut exister que si tous y trouvent ces
avantages. Si une classe d'individus s'y trouvait lésée, l'association n'aura't plus de raison
d'être pour eux et ils auraient, par conséquent,
le droit de s'en retirer ou de se mettre en révolte contre cette organisation si on voulait la
leur imposer.

Si nous examinons l'histoire de l'humanité,
nous voyons, qu'arrivé à une certaine période de
développement l'homme a recherché la société
de son semblable, poussé par un besoin mal
défini de sociabilité, mais à coup sûr aussi
parce qu'il trouvait dans cette association, une
plus grande sécurité, un plus grand bien-être
en raison d'une dépense de force relativement
moindre.

Nul doute que les premières associations humaines, furent des associations temporaires,
sur le pied de la plus parfaite égalité, où chacun apportait sa part de force ; et cet essai de
passer de l'état naturel, isolé, à l'état d'associa-

tion, indique seulement que l'homme avait compris que ce n'était qu'en unissant ses forces qu'il parviendrait à résister à ses ennemis mieux armés que lui pour la « lutte pour l'existence » mais, de ce qu'il se laissa mettre sous le joug, cela n'implique nullement que ce fut une marque de progrès. Parce que de plus habiles et de plus forts surent faire tourner à leur profit exclusif ces premiers commencements d'association, au détriment du bien-être d'une partie de l'humanité, cela ne veut pas dire que cette exploitation en soit plus légitime.

Et si ces essais ont, dès le début, pris une fausse route, s'ensuit-il qu'il doit continuer à en être ainsi ? Si nos ancêtres ont été assez naïfs pour accepter le joug, que des exploiteurs de l'époque leur ont imposé, ou trop faibles pour pouvoir y résister, faut-il que leurs descendants qui, aujourd'hui, comprennent leurs droits, ont conscience de leur force, continuent à subir le joug qui les écrase ? Non !

Toutes les révoltes qui ont marqué les étapes du Prolétariat, toutes les révolutions qui se sont faites contre les pouvoirs constitués, nous prouvent, que si l'on a pu étouffer les revendications, on n'a pas pu détruire ce sentiment d'indépendance qui gît au fond du cerveau de chaque individu, sentiment qui peut s'endormir, mais qui se réveille lorsque l'individu se trouve opprimé directement.

Si, après chaque révolution, on retombait dans l'ornière de l'oppression et de l'autorité, cela tenait à ces préjugés dont nous parlions plus haut; mais aujourd'hui que ces préjugés se trouvent attaqués, que ces sentiments d'indépendance se trouvent nettement formulés, cela nous donne bon espoir, pour croire qu'au jour de la Révolution, les individus sauront bien s'organiser, sans direction ni autorité aucune.

XIV

L'AUTONOMIE SELON LA SCIENCE

Quoiqu'on en ait dit, la science elle-même vient à l'appui des théories anarchistes et nous démontre que tout dans la nature se meut en vertu de la loi des affinités et, par conséquent, est autonome, *la nature est un vaste creuset où*

les différents corps viennent se transformer, en ac-
quérant des propriétés nouvelles, mais tout cela se
fait sans volonté préconçue, et, comme nous
venons de le dire, par la loi des affinités.

Il est certain que dans la nature, dans les
règnes minéral, végétal et animal, tout s'en-
chaîne; il est vrai que les mouvements et le développement des unes sont réglés par les mouvements et le développement des autres, que,
par conséquent, l'individu dépend de la société
dans laquelle il se meut et se développe, mais
comme pour les bourgeois et les autoritaires de
toutes sortes, cette société se résume et se con-
dense en une certaine organisation qui la représente, sous forme de pouvoir constitué,
c'est ce que nous repoussons. Ce n'est pas l'individu, nous venons de le voir, qui doit se plier
aux caprices de la société, celle-ci n'est que
le fait de l'entente individuelle.

Il est vrai encore que la science nous démontré que tout dans la nature est régi par des lois
immuables que l'on a appelées lois naturelles,
lois qui veulent que toutes les molécules ayant
les mêmes affinités se recherchent et s'unissent
pour arriver à former, selon la manière dont
elles se sont juxtaposées, selon le milieu dans
lequel leur combinaison s'est faite, soit un minéral, soit un organisme quelconque. Seule-

ment qui est-ce qui a fait ces lois ? — Pour le prêtre, c'est un être surnaturel qu'il a baptisé du nom de « Dieu ». Pour le savant, s'il est parvenu à se dépouiller de toutes les superstitions dont son enfance et son éducation ont été entouré, ces lois sont la *résultante* des propriétés elles-mêmes que possèdent les différents matériaux dont l'univers est composé, et elles résident dans ces propriétés mêmes.

La loi, ici, n'arrive plus pour régir les diverses parties d'un tout, mais pour expliquer que si ses phénomènes se sont produits dans tel ou tel sens, de telle ou telle manière, c'est que, *par la force même* des qualités des corps, *il ne pouvait en être autrement.* Les lois sociales, selon nous, ne peuvent pas avoir d'autre sens que les lois naturelles ; *elles ne peuvent qu'expliquer* les rapports entre les individus. Mais alors, elles n'ont pas besoin d'un pouvoir oppresseur pour les mettre en exécution, puisqu'elles ne sont que la constatation d'un fait accompli ; il ne reste donc plus qu'à créer le milieu qui permette à ces lois de s'appliquer par le fait même de l'évolution libre des individus.

En chimie, par exemple, quand on veut associer deux corps, est-ce la volonté de l'opérateur qui agit et fait que les deux corps s'associent ? Non, il a fallu auparavent étudier la propriété de ces corps, de sorte, que l'on sait qu'en opérant sur telles quantités, dans telles conditions, on obtiendra tel résultat; inévitable chaque fois que l'on opérera dans les mêmes conditions.

Si, au contraire, l'opérateur voulait agir avec des corps doués de propriétés différentes, ces corps s'annihileraient ou se détruiraient; il en sera toujours de même dans les sociétés humaines, tant que l'on voudra les organiser arbitrairement, sans tenir compte du tempérament, des idées ou affinités des individus.

Le rôle du chimiste se borne donc à *préparer* le milieu et les conditions dans lesquels doivent s'opérer les combinaisons qu'il veut produire, et il doit en être de même, en sociologie, du rôle des anarchistes et révolutionnaires : leur œuvre est de *préparer le milieu où les individus pourront évoluer librement.*

Quand les molécules, les cellules composant l'univers, ont pu librement s'associer les unes aux autres, quand rien n'a entravé leur évolution qui devait amener la formation d'un organisme quelconque, — alors leur amalgame, leur association se fait, et il en résulte un être complet, parfaitement constitué. Tandis qu'au contraire, quand cette association n'a pu se faire librement, quand l'évolution a été entra-

vée dans sa marche, quand *l'autonomie* des différentes molécules a été violée — il en résulte ce
qu'on appelle un monstre.

Et c'est justement parce que nous, anarchistes, voulons une société saine et constituée parfaitement, que nous demandons que l'autonomie des individus — ces molécules de la société — soit respectée. C'est justement parce que
nous voulons que tout ce qui a les mêmes affinités
puisse s'associer librement selon les tendances de
chacun que nous repoussons tout pouvoir voulant ré-
duire tous les individus à la même estampille, — ce
pouvoir fût-il même « scientifique ».

Du reste, nous l'avons déjà dit, et nous le
répétons, il n'y a pas de cerveau assez vaste,
pouvant embrasser toutes les connaissances
humaines. Quelle que soit l'estime que nous
professions pour les savants, nous sommes
forcés de reconnaître que pour la plupart, les
plus grandes iniquités sociales les laissent indifférents, il suffit de suivre les discussions de
beaucoup d'entre-eux, pour voir que la plupart
— lorsqu'ils se sont adonnés à telle ou telle
étude, à telle ou telle branche du savoir humain
s'en font un « dada » qu'ils enfourchent à tout
propos, en font le moteur de toutes choses et
ne considèrent les autres sciences que comme
des accessoires, sinon inutiles au moins de fort

peu d'importance. Non, non, la science est une bonne chose, mais à condition qu'elle se renfermera dans son rôle: savoir constater les phénomènes qui s'accomplissent, d'en étudier les effets, d'en rechercher les causes, mais que chacun reste libre de s'en assimiler les découvertes, selon ses aptitudes et son degré de développement.

D'ailleurs n'est-il pas présomptueux de vouloir tout régir « scientifiquement », alors que tant de points d'interrogation se dressent devant le vrai savant, avide de connaître? Et puis, n'est-ce pas précisément parce que l'on a voulu toujours réglementer cette association des intérêts faisant agir les individus, que l'on est arrivé à avoir ce monstre informe qui s'appelle « la société » d'aujourd'hui ?

On est allé même jusqu'à prétendre que plus l'homme se développait, plus la science élargissait son domaine, plus l'homme perdait son autonomie, car l'emploi des machines et forces motrices mises à sa disposition par la science, le poussait à l'association et lui enlevait ainsi de son autonomie en subordonnant son action à celle de ses coassociés. On affirme que pour trouver une société où règne l'harmo-

nie complète de l'individu, il faut remonter
aux sources de l'humanité, ou bien aller chez
les races actuelles, les plus inférieures; en sorte
que l'on serait en droit de conclure que la
société idéale de ces assoiffés d'autoritarisme (qui
après tout ne réclament l'autorité qu'afin d'imposer leur manière de voir à ceux qui ne pensent pas comme eux) serait une société où l'individu n'aurait plus la liberté d'aller pisser
sans en demander l'autorisation.

Nous croyons, au contraire, que la science plus
elle se développe, plus elle ajoute à l'autonomie
de l'individu, et que, si dans la société actuelle,
chaque découverte scientifique si jette, en effet
les travailleurs sous la dépendance du capitaliste, c'est parce que les *institutions actuelles font
tourner tous les efforts communs au profit de quelques-uns*; mais que, dans une société basée sur
la justice et l'égalité, elles ne feront qu'ajouter
à l'autonomie de l'individu; il faut vraiment
être aveuglé par la monomanie de l'autorité
pour oser prétendre qu'on doit remonter à l'o-
rigine des sociétés ou bien aller chez les races
inférieures pour y retrouver l'autonomie. Est-
ce que l'homme était autonome, alors que, nu
et sans défense, n'ayant encore qu'une intelligence rudimentaire, il était livré à tous les ha-
sards de la vie, forcé de lutter contre la nature

qu'il n'avait pas encore appris à connaître;
contraint à disputer sa nourriture aux grands
carnassiers qui le surpassaient en force ! Quelle
somme d'autonomie pouvait bien alors possé-
der l'homme, forcé, qu'il était, de soutenir à
tous moments le rude combat de l'existence?
Et l'homme des races dite inférieures de nos
jours qui nous représente assez bien le tableau de cette lutte, nous montre assez qu'il
n'y a pas d'autonomie là où l'homme est forcé
de tenir constamment en éveil le peu de facultés qu'il possède afin de pouvoir satisfaire ses
besoins matériels.

———

Nous reconnaissons certainement que la découverte de la vapeur a comblé les fossés qui
séparaient jadis communes et nations, pour
donner place à la solidarité universelle, et cela
est tellement évident pour nous, que nous ne
pensons la révolution sociale possible qu'à condition qu'elle soit internationale. Mais de ce
que les travailleurs sont forcés d'associer leurs
efforts pour vaincre les obstacles que leur a
opposé la nature, s'ensuit-il que leur autonomie fut amoindrie dans le sens d'une subordination quelconque ? — Nous ne le pensons pas;
nous pensons au contraire que la vapeur ayant

mis les communes et les nations en rapports continuels, toute autorité servant à établir ces rapports et imposant sa volonté pour socialiser les efforts des individus et des groupes, devient de plus en plus nuisible.

Si aux premiers temps de l'humanité, la fédération des groupes isolés et la socialisation des efforts s'est faite par l'intermédiaire d'une autorité extérieure, aujourd'hui cette solidarisation se fait spontanément, sans porter même atteinte à l'autonomie des groupes; et c'est précisément grâce à la vapeur et aux progrès de la mécanique, qui ont établis des rapports suivis et fréquents entre ceux qui jadis n'apprirent à se connaître qu'en tombant sous la férule du même maître. — L'indépendance des individus et des groupes s'en trouvera-t-elle amoindrie? Nous ne le pensons pas non plus, puisque la vapeur et la mécanique, en mettant au service de l'homme des forces considérables qui permettent de vaincre la distance et le temps, sont venues augmenter cette indépendance en réduisant la somme de temps nécessaire à la lutte pour l'existence (lutte contre la nature, — ne confondons pas) et leur permettre ainsi de dépenser la plus grande partie de leur temps dans un travail récréatif au sein d'une société basée sur la justice et l'égalité.

Oui, nous le reconnaissons, les découvertes scientifiques de l'homme le conduisent de plus en plus vers l'association des efforts et la solidarisation des intérêts. C'est justement pour cela que nous voulons détruire la société actuelle, basée qu'elle est, sur l'antagonisme des intérêts. Mais, de là à conclure à la nécessité d'un pouvoir il y a loin. Où donc les autoritaires ont-ils pris qu'il puisse jamais y avoir solidarité d'intérêts entre celui qui commande et celui qui obéit ?

Est-ce que l'intérêt de l'un n'est pas justement opposé à celui de l'autre. Et les progrès de l'humanité ne sont-ils pas dûs justement à cet esprit d'insubordination et d'indiscipline qui ont poussé l'homme à s'affranchir des obstacles qui nuisaient à son développement, à cet esprit sublime de révolte qui l'entraînait à lutter contre la tradition et le quiétisme, à fouiller dans les recoins les plus obscurs de la science pour arriver à la nature des secrets et apprendre à triompher d'elle ?

En effet, qui peut prévoir le degré de développement où nous serions aujourd'hui, si l'humanité avait pu évoluer librement ; qui ne sait aujourd'hui que beaucoup de découvertes dont s'enorgueillit le XIX siècle, avaient été faites jadis, mais que les savants avaient dû les tenir

secrètes, afin de ne pas être brûlés comme sor-
ciers. Si le cerveau humain n'a pas été broyé
dans ce double étau : l'autorité temporelle et
l'autorité spirituelle; si le progrès a pu se faire
malgré cette compression, sous laquelle l'humanité se trouve depuis que l'homme est un
être pensant, c'est que cet esprit d'insurrection
était plus fort que la compression elle-même.

Les autoritaires disent qu'ils ne veulent un
pouvoir que pour guider cette évolution des
idées et des hommes. Mais ne voient-ils donc
pas qu'en voulant contraindre tous les hommes
à subir le même mode d'évolution, — ce qui
arriverait inévitablement si une autorité quelconque se chargeait de la guider, — ce serait
cristalliser la civilisation dans l'état où elle est
aujourd'hui ? Où en serions-nous actuellement
si parmi les êtres inconscients des premiers
âges de l'humanité il s'était trouvé des esprits
« scientifiques » assez forts pour diriger l'évolution de l'humanité dans le sens des connaissances qu'ils possédaient à cette époque.

— —

Il ne faudrait pas en conclure que notre idéal
à nous, soit ce que les partisans de Darwin en
sociologie ont appelé la «lutte pour l'existence».
Non ; la destruction des espèces plus faibles par

les espèces plus fortes a pu être une des formes de l'évolution humaine dans le passé ; mais aujourd'hui que l'homme est un être conscient; aujourd'hui que nous commençons à entrevoir et à comprendre les lois qui régissent l'humanité, nous pensons que l'évolution doit revêtir une forme différente. Comme nous l'avons dit plus haut, cette forme est la solidarisation des intérêts et des efforts individuels pour arriver à un meilleur avenir. Mais nous sommes convaincus aussi que cette solidarisation du but et des efforts ne peut naître que de la libre *autonomie* des individus qui, libres de se rechercher entre eux et d'unir leurs efforts dans le sens qui répondra le mieux à leurs aptitudes et à leurs aspirations, n'auront plus besoin de peser sur personne, puisque personne ne viendra peser sur eux. Et comme l'homme est assez développé aujourd'hui pour reconnaître, par l'expérience, le bon ou le mauvais côté d'une chose, il est évident que dans une société sans pouvoir, les groupes ou les individus qui se seront fourvoyés dans une mauvaise voie, voyant à côté d'eux des groupes mieux organisés, sauront abandonner la mauvaise voie pour se rallier à la manière de faire qui leur paraîtra la meilleure. De cette façon, le développement progressif de l'humanité étant débarrassé des obstacles qui l'ont entravé jusqu'à ce jour, l'évolution des idées et des individus ne nous présentera plus qu'une lutte pacifique, où chacun rivalisera de zèle afin de produire mieux que les autres, et nous conduira ainsi au but final : *le bonheur de l'humanité.*

CONCLUSION

S'il est une doctrine qui a eu le don de soulever les fureurs et les calomnies de tous les partis politiques, c'est bien la doctrine anarchiste. Effrayés des progrès que font, dans l'esprit des exploités, les idées nouvelles, tous ceux qui ne vivent que d'exploitation — exploitation industrielle, capitaliste ou politique — se sont fraternellement unis pour tomber sur ces nouveaux venus qui osaient les troubler dans leur quiétude en émettant des « théories subversives » de tout ce qu'il était convenu de respecter.

Ne pouvant réfuter des théories que, pour la plupart, leur faiblesse intellectuelle les empêche de comprendre, ils ont cependant senti que, si les idées nouvelles prenaient pied, c'en était fait de l'exploitation et des privilèges qu'elle leur procure. Menacés au ventre, ne voyant aucune chance pour leur parasitisme de se perpétuer dans un nouvel ordre de choses, ils ont eu recours à la prison et aux calomnies pour nous répondre.

« Les anarchistes, se sont-ils écrié sur tous les tons, ne sont pas un parti, ils n'ont pas d'idées sur l'organisation sociale; ils n'ont que des appétits, ils voudraient nous ramener au règne de la force et de la brute ». Et les injures et les calomnies les dispensant d'arguments, ils ont fait, dans leurs journaux, un tel renom d'insanité et de violence irraisonnée aux anarchistes, que tous les imbéciles — et ils sont nombreux malheureusement — qui ne se font une idée que d'après le journal qu'ils lisent, ont accepté, comme vérité, ce fatras de mensonges et ne voient dans les anarchistes qu'une bande de forcenés qui ne savent pas ce qu'ils veulent.

C'est vraiment bien à ces ventrus de venir nous parler d'appétits et de convoitises, eux qui se sont gardé toutes les jouissances de la vie ; eux qui, en effet, n'ont plus d'appétit.

.... Ils sont tellement saoûls des jouissances que leur procure la fortune, qu'ils en sont blasés, qu'ils en sont réduits à en chercher de nouvelles dans les raffinements contre nature, dans les passions anormales. Pauvres gens !

—

Hommes d'appétits et de convoitises, ces anarchistes qui sacrifient leur existence et leur liberté à la conquête d'une organisation sociale qui laisse libre jeu à l'évolution de tous ; hommes d'appétits quand, avec l'absence de préjugés qui les caractérise, ils pourraient se faire une trouée et se tailler une large place dans les institutions de la société actuelle, ouverte à toutes les ambitions, à tous les appétits, à toutes les monstruosités dérivant d'une éducation faussée et corrompue, pourvu que celui qui veut arriver ferme les yeux sur ceux qu'il renverse sur sa route, et se bouche les oreilles pour ne pas entendre les cris et les plaintes de ceux qu'il foule aux pieds dans la course folle qui les emporte à la curée.

Hommes d'appétits et de convoitise, ces anarchistes que nous avons vu défiler dans les différents procès dont on a cru accabler le parti, qui, bourgeois déclassés — ils ne sont pas nombreux chez nous, il est vrai, — avaient sacrifié une position faite, qui, travailleurs après une journée de labeurs et de fatigues, prenaient encore sur leur temps de repos pour aller préconiser à leur frères de misère cet avenir meilleur qu'ils entrevoyaient dans leur rêves, ou pour leur dévoiler leurs vrais ennemis, en leur démontrant les causes réelles de leur misère ; hommes d'appétits tous, quand il leur aurait suffi pour la plupart d'accepter la société telle qu'elle est faite et un peu de souplesse d'échine, pour entrer dans les rangs de nos exploiteurs actuels.

Enfin, hommes d'appétits et de convoitise, tous ces travailleurs qui soupirent après un état meilleur, eux qui dans la société actuelle produisent tous les objets de luxe et de jouissances pour leurs exploiteurs, et se serrent le ventre tout le long de l'année ! Hommes d'appétits et de convoitise ceux qui réclament leur part de consommation dans les richesses qu'ils produisent.

———

Mais ceux qui nous oppriment ? Oh ! Ils sont loin d'être des hommes d'appétits et de convoitise, comment donc ! Ecoutez-les au sortir d'une nuit de débauche, venir nous prêcher la morale ou la tempérance et la sobriété dans des discours coupés par les hoquets d'un repas

trop copieux, où ils auront absorbé individuellement la substance de plusieurs familles. Eux
des hommes de convoitise? Les pauvres gens,
que vous les connaissez mal! Mais s'ils con-
sentent à s'empiffrer de la sorte au risque de
crever d'indigestion, ce n'est certes pas par
satisfaction personnelle, oh non! bien sûr, c'est
par humanité,..! Ne faut-il pas qu'ils rendent
à la circulation, l'argent qu'ils ont retiré du
commerce et de l'industrie, à la sueur du front...
de leurs serfs du sol, de la mine ou de l'atelier?
Allons, pauvres diables qui tremblez hâves et
déguenillés, sous la morsure du froid, qui vous
crispez, le ventre creux, sous les étreintes de
la faim, réjouissez-vous! Pour vous faire plaisir et vous procurer du travail, vos exploiteurs
se couvrent de beaux habits, s'emmitoufflent
de fourrures, se délectent dans des repas dis-
pendieux à votre intention et le soir, quand vous
irez étendre sur un méchant grabat vos membres endoloris par une journée de travail, eux,
dans la nuit, quand au sortir de chez leur maî-
tresse — bien souvent une de vos filles qu'ils
ont enlevée et qu'ils couvrent d'or et de pierre-
ries, achetées du fruit de votre travail, — ou
bien au sortir de leur cercle où dans des parties fantastiques, ils auront laissé la fortune
d'une famille, ils iront mollement étendre leur
carcasse détraquée par les excès, ils s'endor-
miront heureux. N'ont-ils pas bien gagné leur

sommeil? Ils ont travaillé..... à vous river de plus en plus à la glèbe ou à l'usine.

———

Oh ! Nous savons bien ce que vous autres anarchistes vous répondrez : il aurait bien mieux valu, ne pas exploiter les travailleurs et leur laisser à eux-mêmes le soin de dépenser comme bon leur semblerait le fruit de leur travail ; mais nous savons que vous n'êtes que des hommes de rapine, qui n'avez en vue que le pillage, le meurtre et l'incendie ; vous n'avez que des appétits.... cela répond à tout et.... dispense de bonnes raisons.

Ce qui fait que tous les partis tombent rapprochés dans une si touchante union sur le dos des anarchistes, c'est que, faisant partie de la classe des exploiteurs actuels, ou aspirant à y entrer, il faut bien qu'ils prennent la défense de ce dont ils espèrent tirer profit un jour, et qu'ils essaient de se débarrasser de ceux qui leur barrent la route ; or pour ameuter les naïfs contre eux, quoi de mieux que de les faire passer pour des ambitieux n'ayant qu'un but, se jeter à la curée des biens de « ceux qui, par leur travail et leur économie, se sont assuré un peu de pain pour leurs vieux jours ! » Malheureusement pour eux, ce cliché ne prend plus sur l'esprit des travailleurs ; le respect de la propriété individuelle se perd, le travailleur ne croit plus au capital « fruit de l'épargne et du travail », quand lui-même ne peut amasser de quoi manger à son appétit tout en travaillant.

———

Les anarchistes n'ont que des appétits! Comment espérez-vous le faire croire? Quand tous les jours ils disent aux travailleurs: « Ce sol dont on vous a frustré vous appartient; personne n'a le droit de s'en emparer pour ses seuls besoins, et de dire: C'est à moi, cela m'appartient. Les fruits de la terre appartiennent à tous, tout le monde a le droit de manger à sa faim tant qu'il y a des vivres au banquet de la nature. » Des hommes d'appétits, quand ils s'efforcent de faire comprendre aux travailleurs qu'il faut établir une société où tout le monde doit pouvoir trouver la satisfaction de ses besoins physiques ou intellectuels; une société où nous ne verrons plus ces monstruosités auxquelles nous assistons dans la société actuelle: des individus dans la force de l'âge, mourant de misère, de besoins, ou cherchant dans le suicide un moyen d'échapper aux angoisses de la faim, quand, à côté d'eux se dépensent, dans des orgies sans nom, des sommes folles qui suffiraient à les défrayer pour le reste de leur existence.

Des hommes de convoitise, les anarchistes, quand leur principale propagande est de faire comprendre aux individus qu'il faut qu'ils détruisent les situations qui pourraient permettre aux intrigants de dominer les autres, quand ils s'efforcent à chaque instant de faire comprendre que quels que soient les hommes au pouvoir, ce pouvoir sera forcément arbitraire, puisqu'il ne servira que la volonté de quelques individus, détenant l'autorité du Droit Divin, du Droit du Sabre ou du Droit de Vote.

———

Voilà bien ce qui vous ameute contre nous, voilà ce qui vous fait crier, c'est que nous apprenons aux travailleurs à faire leurs affaires eux mêmes, et à ne se reposer sur personne du travail à accomplir, à ne pas déléguer leur souveraineté s'ils veulent la conserver; c'est que vous sentez que dans la propagande que nous faisons, nous ne laissons pas de place aux appétits de cette meute de faméliques en chasse de places et d'honneurs, et surtout d'émoluments ; c'est que vous sentez enfin votre rôle s'effacer peu à peu et qu'étant trop gangrenés pour vous mettre franchement avec les travailleurs, vous bavez sur tout ce qui travaille à leur affranchissement.

Et bien ! bavez tant qu'il vous plaira, ce ne sont ni vos injures, ni vos calomnies qui nous arrêteront dans notre propagande. Oui, nous avons des appétits, et bien après ? Il ne s'agit que de s'entendre sur la signification du mot appétit. Oui, nous voulons une société où chacun pourra satisfaire ses *besoins* physiques et intellectuels ; oui, nous rêvons une société, où toutes les jouissances du corps et de l'esprit ne seraient plus accaparées par une classe privilégiée, mais fussent à la libre disposition de tous. Oui, nous sommes des hommes et nous avons les appétits de l'homme ; nous n'avons pas à nous cacher d'être conforme à notre nature Mais, nous avons aussi une telle soif de justice et de liberté, que nous voudrions une société exempte de juges, de gouvernants et de tous les parasites qui constituent le monstrueux organisme social dont est affligée l'humanité.

Quand au reproche de ne pas avoir d'idéal, les déclarations que les anarchistes ont faites dans leurs journaux, devant vos tribunaux, tout partout où ils ont pu parler au public, suffisent à prouver la fausseté de vos affirmations; nous avons essayé dans le cours de ce travail, de prouver que la société que nous voulons n'est pas aussi impossible que vous prétendez, et en passant, nous avons démontré que toutes vos institutions ne sont faites que pour la défense de vos intérêts particuliers et votre préservation contre les réclamations de ceux que vous avez spoliés; que loin d'être des institutions normales, elles ne reposent que sur l'arbitraire et sont absolument contraires aux lois de la nature. Puis pour terminer, nous pensons avoir prouvé que la science et la nature s'accordent pour proclamer l'autonomie complète de l'individu.

* * *

Pour terminer, il nous reste à démontrer que si nous nous réclamons de la révolution, c'est non seulement parce que nous la reconnaissons seule efficace pour nous affranchir, mais aussi parce qu'elle est inévitable et que la mauvaise organisation sociale que nous subissons nous y conduit fatalement.

En effet, ce qui effraie surtout un grand nombre de travailleurs, et les éloigne des idées anarchistes, c'est ce mot de Révolution qui leur fait entrevoir tout un horizon de luttes, de combats et de sang répandu, les fait trembler à l'idée qu'un jour ils pourront être forcés de descendre dans la rue et de se battre contre un pouvoir qui leur semble un colosse invulnérable, contre lequel il est inutile de lutter violemment, et qu'il est impossible de vaincre.

Les révolutions passées qui ont toutes tourné contre leur but et l'ont laissé toujours aussi misérable que devant, ont contribué pour beaucoup aussi à rendre le peuple sceptique à l'égard d'une Révolution nouvelle. A quoi bon aller se battre et aller se faire casser la figure, se dit-il; pour qu'une bande de nouveaux intrigants nous exploite au lieu et place de ceux qui sont au pouvoir actuellement, je serais bien bête; et, tout en geignant de sa misère, tout en murmurant contre les hâbleurs qui l'ont trompé par des promesses qu'ils n'ont jamais tenues, il se bouche les oreilles contre les faits qui lui crient la nécessité d'une action virile, il ferme les yeux pour ne pas avoir à envisager l'éventualité de la lutte qui se prépare, il se terre dans son effroi de l'inconnu, voudrait un changement qu'il reconnaît inévitable, Il sait bien que la misère qui frappe autour de lui l'atteindra demain et l'enverra lui et les siens grossir le tas des affamés qui vivent de la charité publique, mais il espère dans des à-coups providentiels qui lui éviteront de descendre dans la rue, et alors il se raccroche de toutes ses forces à ceux qui lui font espérer ce changement sans lutte et sans combat ; il acclame ceux qui daubent sur le pouvoir, lui font espérer des réformes, lui font entrevoir toute une législation en sa faveur, le plaignent de sa misère et lui promettent de l'alléger. Croit-il davantage en eux, qu'en ceux qui lui parlent Révolution ? Il est probable que non, mais ils lui font espérer un changement sans qu'il ait à prendre part directement à la lutte, cela lui suffit à l'heure actuelle. Il s'endort dans sa quiétude, attendant de les voir à l'œuvre, pour recommencer ses plaintes, lorsqu'il verra éluder les promesses, s'éloigner l'heure de leur réalisation. Jusqu'au jour où, acculé à la faim, le dégoût et l'indignation étant à leur comble, on verra descendre dans la rue, ceux qui à l'heure actuelle semblent les plus éloignés de se révolter.

—

Pour qui réfléchit et étudie les phénomènes sociaux, en effet, la Révolution est inévitable, tout y pousse, tout y contribue et la résistance gouvernementale, peut aider à en éloigner la date, à en enrayer les effets, mais ne peut l'empêcher ; de même que la propagande anarchiste peut en hâter l'explosion, contribuer à la rendre efficace, en instruisant les travailleurs des causes de leur misère et en les mettant à même de les supprimer, mais serait impuissante à l'amener, si elle n'était le fait de l'organisation sociale vicieuse dont nous souffrons.

Donc, quand les anarchistes parlent de révolution, ils ne s'illusionnent pas au point de croire que c'est leur propagande qui amènera les individus à descendre dans la rue, à remuer les pavés et à attaquer le pouvoir et la propriété, et que leur seule parole va enflammer les foules au point qu'elles vont se lever en masse et courir sus à l'ennemi. Les temps ne sont plus où le peuple s'enflammait à la voix des tribuns et se soulevait à leurs accents.

Notre époque est plus positive ; il faut des causes, il faut des circonstances pour que le peuple se révolte. Aujourd'hui les tribuns sont bien diminués et ne sont plutôt que la représentation — plus ou moins fidèle — du mécontentement populaire, qu'ils n'en sont les inspirateurs. Si les anarchistes se réclament de la Révolution ce n'est donc pas parcequ'ils espèrent que la foule descendra dans la rue à leur voix, mais seulement parce qu'ils espèrent lui faire comprendre qu'elle est inévitable et l'amener à se préparer pour cette lutte, à ne plus l'envisager avec crainte mais l'habituer à y voir son affranchissement. Or, ce positivisme de la foule a cela de bon de la détacher des hâbleurs ; si elle s'engoue pour eux, elle s'en détache aussi vite, au fond elle ne cherche qu'une chose, son affranchissement, et elle discute les idées qui lui sont soumises. Peu importe qu'elle s'égare, son éducation se fait tous les jours, et elle devient de plus en plus sceptique à l'égard de ceux qu'elle acclame momentanément comme ses sauveurs.

La Révolution ne se crée ni ne s'improvise, c'est un fait acquis pour les anarchistes ; pour eux, c'est un fait mathématique découlant de la mauvaise organisation sociale actuelle ; leur seul objectif est que les travailleurs soient assez instruits des causes de leur misère pour qu'ils sachent profiter de cette Révolution qu'ils seront fatalement amenés à accomplir, et ne s'en laissent pas arracher les fruits par les intrigants qui chercheront à se substituer aux gouvernants actuels, et à substituer, sous des noms différents, un pouvoir qui ne serait que la continuation de celui que le peuple aurait renversé.

Donc, la situation ne peut se prolonger indéfiniment, tout nous mène à un cataclysme inévitable.

L'État a beau augmenter sa police, son armée, ses emplois, les perfectionnements apportés par la science, le développement de l'outillage mécanique jettent tous les jours un nouveau stock de travailleurs inoccupés sur le pavé, et l'armée des affamés se grossit de plus en plus, la vie devient de plus en plus difficile, les chômages de plus en plus fréquents et de plus en plus longs.

Comme nous le disions plus haut, beaucoup de travailleurs repoussent, actuellement, toute idée de révolution ; quand on leur prêche la reprise violente du sol et des instruments de travail, égarés par l'espoir, toujours déçu pourtant, de concessions en leur faveur de la part de la classe possédante, inquiets, quoiqu'ils n'aient rien à craindre pourtant des résultats d'une révolution dont ils n'aperçoivent pas les avantages, beaucoup de travailleurs reculent effrayés à cette idée de révolte. Vos idées sont bien belles, nous disent-ils, mais ne sont pas réalisables, une révolution ne l'est pas davantage. » Et pourtant, s'ils voulaient réfléchir, s'ils voulaient se rendre compte de cette organisation vicieuse de la société, qui tend de plus en plus à concentrer entre les mains de quelques-uns toute la richesse sociale, — terre et outillage, — et chasse de plus en plus le travailleur hors de l'atelier, pour le remplacer par des machines, des femmes et des enfants !

Oui, si la société bourgeoise était appelée à durer longtemps; oui, si la bourgeoisie devait arriver à nous imposer pour toujours le joug sous lequel elle nous tient actuellement, on verrait l'élément homme disparaître peu à peu des travailleurs; la société bourgeoise ne conserverait qu'un petit nombre d'hommes chargés de veiller sur son exploitation, un certain nombre de femmes comme machines à plaisir, et dévorerait des générations entières d'enfants, qu'elle prendrait dès le plus bas âge pour les jeter en pâture à son outillage mécanique. Regardez dans nos villes industrielles de l'Est et du Nord, principalement; regardez les villes manufacturières de l'Angleterre, et venez nous dire après si nous avons chargé le tableau.

Beaucoup de travailleurs frappés par ce fait brutal : leur remplacement par le mécanisme, l'ont pris en haine et en sont arrivés à en désirer la suppression; ne s'apercevant que, malgré sa suppression, ils restent toujours à l'état de travailleurs, à l'état de « machines à produire »; et que par le fait de cette suppression ils ne

verraient se produire qu'une amélioration relative immédiate, très relative, qui ne tarderait
pas à être ramenée à son point de départ, par la
rapacité des exploiteurs.

Il est évident que, dans la société actuelle, la
machine fait beaucoup de tort aux travailleurs;
elle augmente les chômages en activant la production ; elle rend le travailleur plus dépendant
de son exploiteur, en le confinant dans une
spécialité, ce qui le rend inapte à tout autre
travail en dehors de sa spécialité, et bien souvent de l'atelier qui l'occupe; elle fait baisser les
salaires en mettant les exploiteurs à même de
se passer plus facilement du concours de l'ouvrier ; car où il en a besoin, il trouve comme
nous l'avons dit plus haut, le moyen de le remplacer par des enfants. En fin de compte,
chaque amélioration apportée à l'outillage mécanique, chaque perfectionnement dans la société
actuelle sont une cause de misère de plus pour
le travailleur. Et cet état de chose ne peut aller
qu'en empirant, car le perfectionnement du
machinisme qui s'est opéré depuis peu d'années, nous permet de prévoir le degré de per-
fection qu'il pourra atteindre.

Que voyons-nous, en effet, dans beaucoup
de corporations ? L'ouvrier disparaître pour
faire place au spécialiste, qui n'est plus que ce
que l'on est convenu d'appeler un homme de

peine, c'est-à-dire un travailleur qui n'a pas besoin d'apprentissage pour faire le travail où il est confiné ; nous voyons les machines faire avec dix, vingt, trente ouvriers, le travail qui, auparavant, en nécessitait trente, quarante, cinquante, cent ; dans certaines corporations, enfin, nous voyons les patrons fournir en quelques jours, les commandes où, auparavant, il leur fallait des mois de préparatifs.

***

Auparavant, le fabricant était obligé de faire fabriquer d'avance, les produits dont il prévoyait la commande, afin d'être sûr de pouvoir livrer à temps ; le chômage alors était presque nul. Aujourd'hui, avec l'outillage mécanique, le patron sait, qu'il peut fournir de suite, la commande qui pourra lui être faite, le stock de travailleurs qui sont sur le pavé, inoccupés, lui garantissant le personnel nécessaire à cet outillage, il n'a donc pas besoin de fabriquer d'avance, il met son personnel à la porte, sans ménagements, une fois la commande faite, s'il n'en est pas arrivé d'autres. Les commandes, elles aussi, ne sont faites qu'au dernier moment de sorte que depuis quelque temps, nous voyons les chômages permanents, la misère générale.

On nous répondra, que ce n'est pas seulement depuis une année ou deux, que l'outillage mécanique existe, et qu'il y avait du travail auparavant. Oui, certainement, mais il faut dire aussi que dans les commencements, la machine produisait beaucoup moins vite, la production étant devenue meilleur marché, la consommation avait augmenté, l'équilibre s'est maintenu pendant un certain temps. L'outillage s'étant graduellement perfectionné, la soif de spéculation ayant poussé les individus à produire outre mesure ou, pour être plus exacts malgré cette amélioration toute passagère, les travailleurs n'ayant pu consommer selon tous leurs besoins, l'encombrement n'a pas tardé à se faire sentir. Actuellement, les magasins regorgent de produits, le commerce crève de pléthore et les travailleurs de faim à côté des produits dont ils sont les seuls facteurs.

De plus, ces conquêtes coloniales auxquelles se livrait la Bourgeoisie pour se créer des débouchés nouveaux, deviennent de plus en plus difficiles, les marchés anciens devenant producteurs à leur tour, contribuent encore à l'engorgement de produits. Les krachs financiers aident de plus en plus à faire affluer les capitaux entre les mains d'une minorité de plus en plus petite et à précipiter dans le prolétariat quelques petits rentiers, quelques petits industriels. Les temps ne sont pas loin où ceux qui craignent la Révolution commenceront à l'envisager avec moins d'effroi, et l'appeler de tous leurs vœux. Et ce jour-là, la Révolution sera dans l'air, il suffira de peu de chose pour qu'elle éclate, entraînant dans son tourbillon, à l'assaut du pouvoir, à la destruction des privilèges, ceux qui actuellement, ne l'envisagent qu'avec crainte et avec défiance.

***

Oui travailleurs, il est évident que les machines vous ont fait tort, ce sont elles qui vous enlèvent le travail, ce sont elles qui occasionnent vos chômages et font diminuer vos salaires, ce seront elles qui à un moment donné, en mettant un trop grand nombre des vôtres sur le pavé, vous pousseront à cette révolution, que vous repoussez aujourd'hui de toutes vos forces. Mais, est-ce bien à elles, que vous devez vous en prendre de tout ce mal ? Est-ce bien à elles, que vous devez reprocher de ce qu'elles font votre travail ? Est-ce que vous ne seriez pas satisfaits de n'avoir plus qu'à vous croiser les bras, et à les regarder produire pour vous ces objets nécessaires à votre existence ? Est-ce que ce ne serait pas là le plus bel idéal à donner à l'humanité : arriver à dompter les forces naturelles pour les faire servir à faire fonctionner cet outillage mécanique en vue de produire pour et en place de l'homme ?

Eh bien ! compagnons, cela serait, cela se peut, cela sera, si vous le voulez : si vous savez vous débarasser des parasites qui absorbent le produit de votre travail. Si vous n'aviez pas des exploiteurs qui ont su faire tourner à leur pro-

fît exclusif toutes les améliorations, que le gé-
nie et l'industrie de l'homme, ont apportées
dans les moyens de production, si ces machines enfin, appartenaient à tous, au lieu d'appartenir à quelques-uns, vous les considéreriez
comme un bienfait.

Compagnons de misère, quand, énervés par
un long chômage, exaspérés par les privations
de toutes sortes, vous en arriverez à maudire
votre situation et à réfléchir aux moyens de
vous en assurer une meilleure, attaquez-vous
à ceux qui se sont accaparé les jouissances de
la vie à, ceux qui vous ont fait les *machines des
machines*, mais ne maudissez pas la machine
elle-même, c'est elle qui vous affranchira, c'est
elle qui vous donnera le bien-être,...... si vous
savez vous en rendre les maîtres....

ERRATA

Les chapitres V, page 33 et VI page 39 ont
été, par erreur numérotés X et XVII; l'erreur
provient de ce que cette brochure est tirée d'un
manuscrit plus important et qu'à la correction,
l'on a oublié de leur donner le numéro de leur
place dans cette brochure.

TABLE DES MATIÈRES

PARIS. — IMPR. AD. MAY, 158, BOUL. ST-GERMAIN